D. Maria da Cruz
e a Sedição de 1736

Angela Vianna Botelho e Carla Anastasia

D. Maria da Cruz e a Sedição de 1736

autêntica

PROJETO GRÁFICO DE CAPA
Diogo Droschi
(Imagem: Castrum Mauritij ad Ripam Fluminis S. Francisci - 1671 - Arnoldus Montanus)

TRANSCRIÇÃO DOS DOCUMENTOS
Sônia Maria Gonçalves (Arquivo Público Mineiro)
E-mail: soniamariagon@yahoo.com.br

REVISÃO
Aline Sobreira
Lívia Martins

EDITORAÇÃO ELETRÔNICA
Waldênia Alvarenga Santos Ataíde

EDITORA RESPONSÁVEL
Rejane Dias

Revisado conforme o Acordo Ortográfico da Língua Portuguesa de 1990,
em vigor no Brasil desde janeiro de 2009.

AUTÊNTICA EDITORA LTDA.

Belo Horizonte
Rua Aimorés, 981, 8º andar . Funcionários
30140-071 . Belo Horizonte . MG
Tel.: (55 31) 3214 5700

São Paulo
Av. Paulista, 2.073, Conjunto Nacional, Horsa I
11º andar, Conj. 1101 . Cerqueira César
01311-940 . São Paulo . SP
Tel.: (55 11) 3034 4468

Televendas: 0800 283 13 22
www.autenticaeditora.com.br

Dados Internacionais de Catalogação na Publicação (CIP)
(Câmara Brasileira do Livro, SP, Brasil)

Botelho, Angela Vianna
D. Maria da Cruz e a Sedição de 1736 / Angela Vianna Botelho, Carla Anastasia. -- Belo Horizonte : Autêntica Editora, 2012.

Bibliografia
ISBN 978-85-8217-077-9

1. Cruz, Maria da 2. Minas Gerais - História - Período colonial 3. Mulheres - Aspectos históricos - Brasil 4. Mulheres - Minas Gerais - Condições sociais - Período colonial 5. Rebelião - Aspectos históricos - Brasil 6. Revolta - Minas Gerais - 1736 7. Sertão - Minas Gerais - História I. Carla Anastasia. II. Título.

12-12580 CDD-981.021

Índices para catálogo sistemático:
1. Minas Gerais : Período Colonial : Mulheres :
História social 981.021

Sumário

Introdução

O passado [...] é algo que nunca podemos possuir. Porque quando percebemos o que aconteceu, os fatos já estão inacessíveis para nós; não podemos revivê-los, recuperá-los ou retornar no tempo [...]. Só podemos reapresentá-los.

GADDIS, Jonh Lewis. *Paisagens da história: como os historiadores mapeiam o passado.* Rio de Janeiro: Campus, 2003, p. 17.

Em 1982, quando defendi minha dissertação de mestrado[1] sobre os motins do sertão norte-mineiro, a Sedição de 1736 era um assunto praticamente desconhecido da historiografia mineira. Publicados estavam a história contada por Diogo de Vasconcellos e os documentos sobre os motins na *Revista do Arquivo Público Mineiro*, os documentos nos códices do Arquivo Público Mineiro, além de alguns memorialistas. Os documentos do Arquivo Histórico Ultramarino ainda não estavam disponíveis e uma viagem a Portugal era inviável na ocasião.

Em 1995, dediquei um capítulo da minha tese de titular[2] aos motins do sertão, com uma nova perspectiva teórica que percorria todo o trabalho.

Desde os anos 1980, os motins, em especial a Sedição de 1736, começaram a ser estudados e, neles, uma personagem emblemática despontou: D. Maria da Cruz.[3]

---

[1] ANASTASIA, Carla Maria Junho. A *sedição de 1736: estudo comparativo entre a zona dinâmica da mineração e a zona marginal agro-pastoril do São Francisco*. 1982. Dissertação (Mestrado) – FAFICH, UFMG, Belo Horizonte, 1982.

[2] ANASTASIA, Carla Maria Junho. *Vassalos rebeldes: violência coletiva nas Minas na primeira metade do século XVIII*. 2. ed. Belo Horizonte: C/Arte, 1998.

[3] Ver entre outros: FIGUEIREDO, Luciano. Furores sertanejos na América Portuguesa: rebelião e cultura política no sertão do São Francisco, Minas Gerais, 1736. *Revista Oceanos*, Lisboa, n. 40, p. 128-144, out.-dez. 1999; FIGUEIREDO, Luciano. Narrativas das rebeliões: linguagem política e idéias radicais na América Portuguesa moderna. *Revista da USP*, n. 57, p. 6-27, mar.-maio 2003; RODRIGUES, Gefferson Ramos. *No sertão, a revolta: grupos sociais*

Apresentada por Diogo de Vasconcellos como uma mulher culta, instruída pelas carmelitas, acabei por repetir essa informação na minha dissertação,[4] tanto por não ter outra fonte de informação quanto por não ser D. Maria da Cruz o foco do meu trabalho.

Encantada com a personagem, e tendo conseguido o seu testamento e o seu codicilo, atualmente inacessíveis no Fórum do Serro, Angela Vianna Botelho iniciou uma pesquisa aprofundada sobre D. Maria da Cruz. Embora muitas lacunas ainda permaneçam, a historiadora conseguiu arrolar, no Brasil e em Portugal, dados importantes sobre a vida de D. Maria da Cruz e sua família, moradores do sertão do São Francisco, e sua participação nos motins do sertão.

Pensamos, então, em disponibilizar essas informações, escrevendo um pequeno livro sobre D. Maria da Cruz e as novas interpretações que venho desenvolvendo sobre a Sedição de 1736.[5]

Em anexo, serão colocados alguns dos documentos mais importantes encontrados, não obstante 10 livros da Torre do Tombo já se encontrem na internet.

Agradecemos a pesquisadora Sônia Maria Gonçalves pelo incansável trabalho de arrolamento de dados e transcrição de documentos.

Esperamos que este pequeno livro possa ajudar os pesquisadores nos seus trabalhos tanto sobre a emblemática personagem D. Maria da Cruz quanto sobre os motins do sertão.

Belo Horizonte, setembro de 2012.

Carla Anastasia

---

e formas de contestação na América Portuguesa, *As Minas Gerais – 1736*. 2009. Dissertação (Mestrado em História) – ICHF, UFF, Niterói, 2009; GASPAR, Tarcísio de Souza. *Palavras no chão: murmurações e vozes em Minas Gerais no século XVIII*. 2008. Dissertação (Mestrado em História) – ICHF, UFF, Niterói, 2008; RODRIGUES, Alexandre de Souza. *"A dona" do sertão: mulher, rebelião e discurso político em Minas Gerais no século XVIII*. 2011. Dissertação (Mestrado em História) – ICHF, UFF, Niterói, 2011; SILVA, Célia Nonata. Autoridade mestiça: territórios de mando no sertão do São Francisco. *Revista Brasileira de História e Ciências Sociais*, V. 1, n. 2, p. 1-16, dez. 2009; CAMPOS, Maria Veronica. *Governo de mineiros: "de como meter as Minas numa moenda e beber-lhe o caldo dourado", 1693 a 1737*. 2002. Tese (Doutorado em História) – FFLCH, USP, 2002; CAVALCANTI, Irenilda Moreira. *O comissário real Martinho de Mendonça: práticas administrativas na primeira metade do século XVIII*. 2010. Tese (Doutorado em História) – ICHF, UFF, Niterói, 2010.

[4] Essa informação foi alterada na segunda edição do livro *Vassalos rebeldes*. *Op. cit.*

[5] ANASTASIA, Carla Maria Junho. Um exercício de auto-subversão: rebeldes e facinorosos na sedição de 1736. In: RESENDE, Maria Efigênia Lage de; VILLALTA, Luiz Carlos. *As Minas setecentistas*. Belo Horizonte: Autêntica, 2010. v. 2.

D. Maria da Cruz

Os sertões das Minas setecentistas, lugar do maravilhoso e do sobrenatural, morada de portentos e do diabo, refúgio de índios e de bandidos – assim como os demais sertões da imensa América Portuguesa –, foram palco da violência coletiva ou interpessoal de personagens consagrados pela História. Contudo, alguns desses atores históricos se desvaneceram na bruma do esquecimento. Assim aconteceu com D. Maria da Cruz, matriarca do sertão do São Francisco, envolvida em uma das mais rumorosas rebeliões das Minas – a Sedição de 1736, que eclodiu em repúdio à implantação da taxa de capitação no sertão e em razão da violência dos moradores da região. Poucos são os registros sobre essa mulher sertaneja, assim como acontece com a maioria das senhoras brancas que viveram na Capitania das Minas Gerais. Para resgatá-la para a História é preciso encontrá-la, escondida, nos documentos que tratam dos feitos e malfeitos dos homens que a cercavam.

Alguns hiatos dessa figura feminina podem, também, ser preenchidos mediante a leitura da diligência da habilitação de um de seus genros a familiar do Santo Ofício[6] e de sua matrícula na irmandade da Santa Casa,[7] bem como a de outro a irmão da Misericórdia,[8] das cartas de um de seus

---

[6] DILIGÊNCIA de habilitação de Alexandre Gomes Ferrão Castelo Branco. Arquivo Nacional da Torre do Tombo. PT/TT/TSO-CG/A/008-002/58. Daqui em diante DILIGÊNCIA de habilitação de Alexandre Gomes Ferrão Castelo Branco.

[7] MATRÍCULA de Irmãos. Arquivo da Santa Casa de Misericórdia da Bahia. ASCMBA.TR.IR.495. Livro 3. 267 (487v). Coronel Alexandre Gomes Ferrão Castelo Branco, 16 de junho de 1724. Daqui em diante: MATRÍCULA de Irmãos. Alexandre Gomes Ferrão Castelo Branco.

[8] MATRÍCULA de Irmãos. Arquivo da Santa Casa de Misericórdia da Bahia. ASCMBA. TR.IR.1529 Livro 3. 314 (561) ou ASCBBA. Tomo III, 1696-1733. Termo do Irmão Coronel Domingos Martins Pereira, fl.56, 10 de abril de 1739. Daqui em diante: MATRÍCULA de Irmãos. Domingos Martins Pereira.

netos,[9] de seu testamento[10] – costurado com "linha amarela singela" e fechado com "cinco pingos de lacre vermelho" – e do subsequente codicilo,[11] os dois últimos tendo sido abertos a 23 de junho de 1760 e registrados na Vila do Príncipe, em 31 de julho do mesmo ano, por seu filho e testamenteiro, o padre Manoel Cardoso de Toledo.

Filha do capitão de Sergipe Del Rei, Pedro Gomes Ferreira[12] – natural da cidade da Bahia, batizado na freguesia de Sergipe do Conde, na Bahia[13] – e de D. Domingas Ferreira,[14] nascida e batizada na freguesia da Vila do Penedo do Rio de São Francisco,[15] D. Maria da Cruz Porto Carreiro, também, nasceu na Vila do Penedo, Comarca das Alagoas, freguesia de Nossa Senhora do Rosário, bispado de Pernambuco.[16] Seu nome homenageava sua avó materna, casada com o capitão Manuel

---

[9] BORRADOR de Antônio Gomes Ferrão Castelo Branco. GONCALVES, Rosana A. TRANSCRIÇÃO sob orientação da profa. Dra. Mary Del Priore, a partir do original pertencente ao acervo da Biblioteca Guita e José Mindlin. São Paulo. Agradecemos a Prof. Dra. Rosana Gonçalves e a Aparecido Pereira Cardoso por nos disponibilizar a cópia desse documento. Daqui em diante Borrador.

[10] Trechos do testamento de D. Maria da Cruz foram transcritos por Giselle Fagundes e Nahílson Martins em seu livro *Alvará de perdão concedido a Dona Maria da Cruz, viúva*. Montes Claros: Vereda, 2006. p. 60. Partes do testamento e do codicilo de D. Maria da Cruz, ilustram o *Dicionário Histórico Brasil: colônia e império* em sua 6ª edição, publicado em janeiro de 2008. / REGISTRO do Testamento de D. Maria da Cruz. Vila do Príncipe, 31 de julho de 1760, fl. 57-63. Livro 11 do Registro de Testamentos no Cartório da Provedoria da cidade do Serro. Pacote 009-A-UFOP ou Pacote 05-Fórum Edmundo Lins. Neste trabalho utilizamos as transcrições de Sonia Maria Gonçalves. Daqui em diante TESTAMENTO de D. Maria da Cruz.

[11] REGISTRO do Codicilo de Dona Maria da Cruz. Vila do Príncipe, 31 de julho de 1760, fl. 63-65. Livro 11 do Registro de Testamentos no Cartório da Provedoria da Cidade do Serro. Pacote 009-A-UFOP ou Pacote 05. Fórum Edmundo Lins. Daqui em diante Codicilo de D. Maria da Cruz.

[12] TESTAMENTO de D. Maria da Cruz, fl. 59. Não confundir com o tenente general Pedro Gomes, "o velho", avô por parte paterna do genro de D. Maria, Alexandre Gomes Ferrão Castelo Branco. Nascido na Província do Minho, Pedro Gomes, instituiu o Morgado do Porto da Folha, governou o Rio de Janeiro e ocupou o cargo de mestre de campo na cidade da Bahia, onde se casou com D. Isabel da Costa Madeira e veio a falecer. DILIGÊNCIA de habilitação de Alexandre Gomes Ferrão Castelo Branco, fl. 1. KRAUSE, Tiago Nascimento. *Em busca da honra: a remuneração dos serviços da guerra holandesa e os hábitos das ordens militares – Bahia e Pernambuco, 1641-1683*. 2010. Dissertação (Mestrado) – ICHF, UFF, Niterói, 2010.

[13] DILIGÊNCIA de habilitação de Alexandre Gomes Ferrão Castelo Branco, fl. 3v.

[14] TESTAMENTO de D. Maria da Cruz, fl.59. Diligência de habilitação de Alexandre Gomes Ferrão Castelo Branco, fl. 3v.

[15] DILIGÊNCIA de habilitação de Alexandre Gomes Ferrão Castelo Branco, fl. 3v.

[16] TESTAMENTO de D. Maria da Cruz, fl. 59; DILIGÊNCIA de habilitação de Alexandre Gomes Ferrão Castelo Branco, fl. 1; MATRÍCULA de Irmãos. Domingos Martins Pereira; BORRADOR, fl. 165.

Martins Chaves – senhor da Capela do Buraco, posteriormente Porto da Folha –, ambos nascidos na Vila do Penedo do Rio de São Francisco.[17] Se por suas "últimas e derradeiras vontades" se pode afirmar que tinha uma irmã, Benta Gomes,[18] será a correspondência de um de seus netos, Antônio Gomes Ferrão Castelo Branco, que permitirá inferir que teve, pelo menos, três irmãos: Frei Manoel de Madre de Deus, o "Chaves" – guardião do Convento de São Francisco da Vila de Penedo e visitador geral das missões de "todo aquele sertão"[19] –, o capitão José Gomes Ferreira, "morador na Paraíba, Capitania do Ceará"[20] e o também capitão Francisco Gomes Ferreira – familiar do Santo Ofício,[21] detentor de 3 léguas de sesmaria, a "fazenda Serra Acima[...], que descobriu e povoou da invasão do gentio que todos os anos experimentava mortes e estragos nas[suas] fábricas como era público e notório a qual fazenda servia de baliza [ao] veio de água do ribeirão Urucuia".[22] Suas terras, demarcadas em 1736, confrontavam-se com as de seus sobrinhos Pedro Cardoso do Prado e Matias Cardoso de Oliveira. Sabe-se ainda de outra irmã, casada com o minhoto, Gonçalo de Barros Taveira,[23] irmão da Misericórdia e familiar do Santo Ofício,[24] morador no sertão do Piauí, recôncavo do Arcebispado da Bahia, onde possuía fazendas, casas, currais e gados vacuns e cavalares.[25]

Nascida em uma família poderosa na qual convivia com irmãos, cunhado, filhos e, pelo menos uma filha – todos letrados[26] – D. Maria, assim como a maior parte das mulheres desse período, não sabia ler nem

[17] MATRÍCULA de Irmãos. Arquivo da Santa Casa de Misericórdia da Bahia. TR.IR. 2202. Livro 3, 300v (539v). Matrícula de Manoel Rodrigues Vieira, 6 de abril de 1727.

[18] TESTAMENTO de D. Maria da Cruz, fl. 60.

[19] BORRADOR, fl. 6, 21, 138v, 160.

[20] BORRADOR, fl. 21, 38.

[21] BORRADOR, fl. 160v.

[22] REGISTRO de carta de sesmaria. *Revista do Arquivo Público Mineiro*, Ouro Preto: Imprensa Oficial, ano III, 1898. p. 791-793.

[23] DILIGÊNCIA de habilitação de Alexandre Gomes Ferrão Castelo Branco, fl. 3v.

[24] DILIGÊNCIA de habilitação de Gonçalo de Barros Taveira. Arquivo Nacional da Torre do Tombo. PT/TT/TSO-CG/A/008-001/10174 e PT/TT/RGM/C/0018/39653, fl. 156.

[25] REQUERIMENTO de Gonçalo de Barros Taveira ao Rei. Vila de Moucha [ant.17 de junho de 1729] Arquivo Histórico Ultramarino, Maranhão, Cx. nd. 842 / AHU-CU-016-Cx.1, D. 46.

[26] INVENTÁRIO de Alexandre Gomes Ferrão Castelo Branco. Vila Nova Real do Rei do Rio de São Francisco da Comarca de Porto da Folha, 1762. Arquivo Geral do Judiciário do Sergipe. AGJSE1. Catálogo Digital da Documentação do século XVIII de Sergipe. Inventários Judiciais de Estância e Porto da Folha. 2005, CD-ROM n. 2. PFOC. Inventários. Cx.01-2954; fl.10-12. Nossos agradecimentos à Professora Dra. Vera Maria dos Santos que prontamente nos franqueou esse documento.

escrever.[27] Casou-se na cidade da Bahia,[28] na "forma da Igreja" com Salvador Cardoso de Oliveira,[29] natural da cidade de São Paulo, bispado do Rio de Janeiro, filho de Manoel Francisco de Oliveira[30] e de D. Catarina do Prado, nascidos e batizados na cidade de São Paulo.[31] Descendente, também, de família poderosa, seu marido "saiu em companhia dos pais sendo rapaz para as partes dos currais da Bahia".[32] Citados por Cláudio Manoel da Costa como paulistas "que tinham a prática dos sertões das Minas", Matias Cardoso, Domingos do Prado e Manoel Francisco, pai de Salvador Cardoso,[33]entre outros, adentraram as áreas interioranas do Rio de São Francisco.

Ali, o tenente general Matias Cardoso de Almeida, tio de Salvador Cardoso, em fins do século XVII, após a Guerra dos Bárbaros, estabeleceu as primeiras fazendas de gado vacum e cavalar no alto e médio São Francisco, acompanhado por Antônio Gonçalves Figueira, seu companheiro de empreitada.

No dia 2 de março de 1690, um grupo de sertanistas paulistas que acompanhou Matias Cardoso nas incursões recebeu "80 léguas quadradas, sendo quatro para cada um", para sua habitação e de suas famílias. Foram estas as primeiras sesmarias que assinalavam os limites da Capitania da Bahia, pelos sertões do rio Pardo e rio Doce.[34]

Um deles, Salvador Cardoso, demarcou as quatro léguas em quadra que lhe coubera, à margem direita do São Francisco, no local melhor situado: Sítio das Pedras.[35] Os caminhos entre a Bahia e as Minas, encurtados por Gonçalves Figueira, em 1720, iam aos poucos sendo polvilhados por roças, fazendas de gado e arraiais. Ao longo do Rio de São Francisco, comboiei-

---

[27]TESTAMENTO de D. Maria da Cruz, fl. 61v, 62v. CODICILO de D. Maria da Cruz, fl. 64v.

[28] LEME, Pedro Taques de Almeida Paes. *Nobiliarquia paulistana histórica e genealógica*. Belo Horizonte: Itatiaia; São Paulo: EDUSP, 1980. t. II. p. 58.

[29] TESTAMENTO de D. Maria da Cruz, fl. 59.

[30]DILIGÊNCIA de habilitação de Alexandre Gomes Ferrão Castelo Branco fl. 1 / Introdução e nota ao catálogo genealógico das principais famílias de frei Jaboatão. p. 572. Observação: Na diligência de habilitação de Alexandre Gomes Ferrão Castelo Branco fl. 3v. consta ainda outro nome para o pai de Salvador: Antônio Francisco.

[31] BORRADOR, fl.132v,133, 138 e 160v. DILIGÊNCIA de habilitação de Alexandre Gomes Ferrão Castelo Branco, fl. 3.

[32] DILIGÊNCIA de habilitação de Alexandre Gomes Ferrão Castelo Branco, fl. 2.

[33] COSTA, Cláudio Manoel da. Vila Rica. Carta Dedicatória. *In*: PROENÇA, Domício Filho. A *poesia dos inconfidentes*. Rio de Janeiro: Nova Aguila, 1966, p. 368.

[34] FREIRE, Felisbello. *História territorial do Brasil: Bahia, Sergipe, Espírito Santo*. Salvador: Secretaria da Cultura e Turismo; Instituto Geográfico e Histórico da Bahia, 1998. Edição fac-símile. p. 5.

[35]VIANNA, Urbino. *Bandeiras e sertanistas baianos*. São Paulo: Companhia Editora Nacional, 1935. p. 14-144.

ros conduzindo diversas mercadorias, comerciantes de secos e molhados, negociantes de gado e de cavalos – os tocadores –, médicos e cirurgiões, procuravam o abrigo dos poderosos. As fazendas, como a de Januário Cardoso e Salvador Cardoso, hospedavam variados viandantes, como o sertanista Quaresma Delgado[36] e o cirurgião barbeiro Luís Gomes Ferreira, que por lá esteve, não só para pousar, mas para se inteirar do conhecimento farmacológico empírico desses sertanistas.[37] O poder desses potentados ia além dos limites de suas propriedades e, muitas vezes, era reforçado por ordens emanadas da própria Coroa, que deles dependia para manter e ampliar seu poder. Assim, em 1720, D. João V determinou ao Governador D. Pedro de Almeida que encarregasse "a Januário Cardoso de Almeida, e a seus primos, Domingos do Prado de Oliveira, Salvador Cardoso de Oliveira, Estevão Raposo Bocarro", entre outros, de "umas missões" nas terras compreendidas entre os morros de Serro do Frio até a barra do Rio das Velhas.

De acordo com o monarca, eram eles "pessoas nobres, de respeito, abastados e muito observantes e obedientes" às ordens reais.[38] Fazendeiro abastado, Salvador Cardoso, além das terras que lhe foram concedidas por carta de sesmaria,[39] comprou de seu genro Alexandre, em 1730,"umas fazendas de gado". Mas, até meados de 1758, essas terras não estavam totalmente quitadas.[40]

Dona Maria e Salvador deixaram numerosa prole. Um dos seus filhos, Matias Cardoso de Oliveira,[41] provável primogênito, nasceu na freguesia de Santo Antônio da Manga,[42] foi grande proprietário de terras e, em 1743, obteve sesmaria no sítio chamado Ilha do Sertão de São Francisco, vizinho de D. Maria da Cruz.[43] Suas terras confrontavam-se também com a Fazenda do Marques que pertencia a sua esposa.[44] Possuía diversos currais de gado vacum e cavalar, dezesseis escravos e o Engenho Barro Alto, situado no

---

[36]DELGADO, Joaquim Quaresma. *In*: VIANNA, Urbino. *Op. cit.*, p. 143.

[37] FERREIRA, Luis Gomes. *Erário mineral.* Organização de Júnia Ferreira Furtado. Belo Horizonte: Fundação João Pinheiro; Rio de Janeiro: Fundação Oswaldo Cruz, 2002. 2 v. p. 591.

[38] CARTAS do serviço de Sua Majestade. Ordem régia ao Governador D. Pedro de Almeida. Lisboa, 13 de março de 1720. Arquivo Histórico Ultramarino-MG, Cx. 2, Doc. 50, fl. 5-6.

[39] CARRARA, Angelo Alves. *Contribuição para a história agrária de Minas Gerais: séculos XVIII e XIX.* Mariana: Universidade Federal de Ouro Preto, 1999. (Série Estudos).

[40]BORRADOR, fl. 187v.

[41] TESTAMENTO de D. Maria da Cruz, fl. 59.

[42] REGISTRO do Testamento de Matias Cardoso. 27 de maio de 1768. Casa Borba Gato. LT(CPO) 26(41) fl. 87.

[43] REGISTRO de Carta de sesmaria. *Revista do Arquivo Público Mineiro.* Ouro Preto: Imprensa Oficial, ano III, 1898. p. 887-888.

[44]REGISTRO de Carta de sesmaria. *Revista do Arquivo Público Mineiro.* Ouro Preto: Imprensa Oficial, ano X, 1904, jan-jun. (1905), p. 248-249.

Brejo do Salgado, onde residia. Do seu casamento com D. Mariana Isabel Tavares não teve herdeiro legítimo. Viúvo, desde meados de 1748,[45] em seu testamento nomeou como herdeiros universais seus filhos Miguel e Maria, frutos do relacionamento com uma "crioula forra" de nome Inácia da Silva.[46] Foi um dos cobradores da capitação no sertão e mesmo após os motins, integrava a "Relação das pessoas fiéis e abonadas a quem se pode cometer a diligência da cobrança da capitação do sertão".[47]

Outro filho, Pedro Cardoso,[48] era proprietário da Fazenda do Retiro[49] e de outros currais, nos quais criava e engordava bovinos e equinos oriundos do Ceará e Piauí utilizados para abastecer a Bahia e a região das Minas. Dedicava-se também ao comércio de diversas mercadorias, como ferragens oriundas da Bahia e o sal da terra, extraído no rio São Francisco, desde a barra do Salitre até São Romão. Pedro Cardoso do Prado foi ainda um dos principais controladores das passagens do sertão que, em 1737, após a Sedição, foram arrematadas à Fazenda Real. À época dos motins, embora "não [chegasse] ainda a puberdade perfeita",[50] era casado com D. Francisca Leite, filha de Estevão Raposo Bocarro, que se estabeleceu nos sertões da Bahia, Rio de São Francisco, com grandes fazendas de gado vacuns. De acordo com Pedro Taques, desse matrimônio não nasceram filhos.[51] Pedro, juntamente com seu irmão, Matias, e seu tio, Domingos do Prado, foi um dos cobradores da capitação no sertão.[52]

Dois outros filhos de D. Maria da Cruz seguiram carreira eclesiástica e foram ordenados clérigos seculares no Arcebispado da Bahia.[53] Um deles, o padre João Cardoso de Oliveira[54] possuía a Fazenda Canabrava, situada

---

[45] REGISTRO do testamento de D. Mariana Isabel Tavares, 28 de maio de 1746. Casa Borba Gato. LT(CPO) 8(16) fl. 563-568.

[46] REGISTRO do testamento de Matias Cardoso de Oliveira, 27 de maio de 1768. Casa Borba Gato-LT (CPO) 26(41) fls. 86-90v.

[47] Relação das pessoas fiéis e abonadas a quem se pode cometer a diligência da cobrança da capitação do sertão. TT.PT-TT IAN/-MSBR/10. Manuscritos do Brasil. 1737. fl. 194-197.

[48] TESTAMENTO de D. Maria da Cruz, fl. 59v.

[49] PROPOSTA e requerimento que fazem os povos das Minas Gerais e os seus distritos a el-rei nosso senhor, que Deus guarde. IAN/TT.PT-TT-MSBR/10. Manuscritos do Brasil. Livro10 fl. 206. S/D.

[50] CARTA do Governador para o Intendente da Real Fazenda Manoel Dias Torres. Vila Rica, 25 de setembro de 1736. Arquivo Público Mineiro-SC. 56, fl. 6.

[51] LEME, Pedro Taques de Almeida Paes. *Nobiliarquia paulistana histórica e genealógica*. Belo Horizonte: Itatiaia; São Paulo: EDUSP, 1980. t. II. p. 89.

[52] CARTA de Sebastião Mendes de Carvalho ao Governador. São Romão, 2 de novembro de 1736. Arquivo Público Mineiro-SC. 54, fl.170v.

[53] BORRADOR, fl. 160 A.

[54] TESTAMENTO de D. Maria, fl. 59v.

no sertão do rio São Francisco, concedida por carta de sesmaria de 1745.[55] O outro, o padre Manoel Cardoso de Toledo[56] tinha a Fazenda Jabuticaba que compreendia 3 léguas de terras no mesmo sertão do São Francisco, que lhe foram concedidas por carta de sesmaria em 1745.[57] Morreu sem deixar testamento, mas o inventário de seus bens, em 1774, revela que possuía uma morada de casas no porto do Brejo do Salgado e dois escravos.[58]

A eles se referem alguns documentos entres os quais a "Proposta e requerimento que fazem os povos das Minas Gerais e os seus distritos a el-rei, nosso senhor que Deus guarde[ ] ", que informa que, à época da Sedição, os dois sacerdotes moravam nas " Pedras do defunto Salvador Cardoso", com D. Maria da Cruz.[59] Sabe-se ainda de duas filhas: D. Maria Cardoso de Oliveira e D. Catarina do Prado.[60] A primeira delas conhecida, também, por D. Maria Cardoso do Rosário "que de ambos os modos se chamou por vezes [- - -] nasceu no Brejo do Salgado".[61] Casou-se com Alexandre Gomes Ferrão Castelo Branco, com o qual teve 11 filhos.[62] A outra, D. Catarina do Prado e Oliveira, nascida na freguesia de Santo Antônio do Rio de São Francisco,[63] casou-se com Domingos Martins Pereira e deste matrimônio nasceram oito filhos.[64]

Seus genros, fazendeiros poderosos, de influentes famílias baianas, irmãos da Misericórdia e professos na Ordem de Cristo,[65] ao que tudo indica, tiveram uma vida econômica atribulada. Em 1737, Domingos Martins Pereira

---

[55]REGISTRO de Carta de sesmaria. *Revista do Arquivo Público Mineiro*. Ouro Preto: Imprensa Oficial, ano III, 1898, p. 892-893.

[56]TESTAMENTO de D. Maria da Cruz, fl. 59v.

[57] REGISTRO de Carta de sesmaria. Revista Arquivo Público Mineiro. Ouro Preto: Imprensa Oficial, Ano III. 1898, p. 889-890.

[58] INVENTÁRIO dos bens do padre Manoel Cardoso de Toledo. 22 de novembro de 1764. Cópia. Casa Borba Gato. CI (CPO) 4 (02) fl. 112-116.

[59] PROPOSTA e requerimento ... IAN/TT.PT-TT-MSBR/10 Manuscritos do Brasil, Livro 10, fl. 206v. S/D.

[60] TESTAMENTO de D. Maria da Cruz, fl. 59v.

[61] BORRADOR, fl. 160A.

[62] BORRADOR, fl. 219.

[63] MATRÍCULA de Irmãos. Domingos Martins Pereira.

[64] BORRADOR, fl. 21v.

[65]MATRÍCULA de Irmãos. Alexandre Gomes Ferrão Castelo Branco; MATRÍCULA de Irmãos. Domingos Martins Pereira; DILIGÊNCIA de habilitação de Alexandre Gomes Ferrão Castelo Branco; BORRADOR fl. 160; Domingos Martins Pereira, PT/TT/RGM/C/34202, fl.367. CARTA PATENTE de coronel da Infantaria do Sertão de Rodelas da jurisdição do Mato para cima. Capitania de Pernambuco, 9 de novembro de 1716. PT/TT/RGM/C/0008-34204-fl.367. CARTA PATENTE de coronel da Infantaria de Ordenança da Cidade da Bahia,22 de junho de 1736.PT/TT/RGM/C/34205, fl.229. CARTA PATENTE de coronel de Ordenança do Brasil, 1736. AHU-ACL-CU-005-Cx.88, D.7196. CARTA PATENTE de capitão mor da Vila de Santo Amaro da Purificação, 1747.

solicita ao rei um prazo de dez anos para pagar as dívidas contraídas por seu pai e, assim, evitar que os bens fossem arrematados em praça pública.[66] Mesmo que tenha conseguido quitar essas dívidas, o genro de D. Maria acabou por contrair outras já que, viúva, D. Catarina teve seu engenho levado por três vezes à hasta pública.[67]

Quanto ao outro, Alexandre Gomes, morgado do Porto da Folha, "no Rio de São Francisco de Baixo, Capitania de Sergipe del Rei", era, ainda, proprietário de várias fazendas entre as quais o Engenho de Mombaça de São Roque, Comarca da Bahia que, em 1755, compreendia "casa de engenho nova, senzalas, canas, pastos e mais fábrica de quarenta escravos, 40 bois, 40 cavalos, cobres e mais acessórios do dito engenho".[68] Contudo, conforme cartas de seu filho, Antônio, enviadas reiteradamente a seus familiares, faltava-lhe capital suficiente para que três de suas filhas professassem no Convento das Mercês, da cidade da Bahia,[69] "onde [permaneciam] encantadas por falta de dinheiro para seus dotes".[70] Quando faleceu abstentado, em 1762, sua esposa Maria Cardoso de Oliveira inventariou os bens do casal que então compreendiam: 59 escravos, ouro, prata, móveis, gado, o Sítio da Borda da Mata e o Engenho Mombaça, no termo da Vila de São Francisco, Comarca da Bahia. Todavia, tão "excessivas" eram "as dívidas do casal de seu pai", que Antônio Gomes fez "total abstenção da herança".[71]

A trajetória de D. Maria da Cruz, antes dos acontecimentos de 1736, aparece nas entrelinhas da documentação oficial ligada, quase sempre, à Sedição ou aos homens de sua família. Sabe-se que residia com seu marido e filhos no Sítio das Pedras. De acordo com o "Roteiro" de Quaresma Delgado, "deste rancho [Fazenda da Tábua] segue o caminho deixando sempre o rio [Pardo] à direita até que se vai dar na fazenda de Domingos Gonçalves [...] mas é bom seguir viagem adiante, mais uma légua e meia e logo se dá na fazenda do alferes Salvador Cardoso, que está à esquerda

[66] REQUERIMENTO de Domingos Martins Pereira ao Rei. Arquivo Histórico Ultramarino-Bahia, Cx. 61, doc. 17 ou AHU-ACL-005, CX. 58, D.5004.28 de marco de 1737.

[67] BORRADOR, fl. 20v.

[68] BORRADOR, fl.121v-124.

[69] BORRADOR, fl. 20v-23.

[70] BORRADOR, fl. 21.

[71] INVENTÁRIO de Alexandre Gomes Ferrão Castelo Branco, parte dos bens inventariados por d. Maria Cardoso de Oliveira, com sua assinatura. Vila Nova Real do Rei do Rio de São Francisco da Comarca de Porto da Folha. Arquivo Geral do Judiciário do Sergipe. AGJSE. Catálogo Digital da Documentação do século XVIII de Sergipe: Inventários Judiciais de Estância e Porto da Folha. 2005, CD-ROM n. 2. PFOC. Inventários. Cx.01-2954. Nossos agradecimentos à Professora Dra. Vera Maria dos Santos que prontamente nos franqueou esse documento.

dele [...] ". Nesta propriedade, o marido de D. Maria, erguera a "opulenta fazenda" das Pedras,[72] que possuía engenhos, pastos e aguada e, que servia de pouso para os viajantes.[73]

Nas Pedras, o casal erigiu a Capela de Nossa Senhora da Conceição, com um de seus altares dedicado ao Santo Cristo e o outro a Santa Rita, o que parece revelar as devoções familiares.[74] Provavelmente as cerimônias religiosas da família eram ali realizadas como o foram os batismos, em 1728 e 1729, de três de seus netos: Antônio e dos gêmeos, Salvador e Pedro, filhos de D. Maria Cardoso e do coronel Alexandre.[75] É plausível, ainda, que a todo dia 8 de dezembro, seguindo a tradição portuguesa, ali se realizassem festejos em homenagem a padroeira.

Bem "conhecida dos comboeiros" que transitavam pelos caminhos entre a Bahia e as Minas Gerais[76] "sua" capela continuava inacabada, pelo menos até 1756, quando determinou "que todo o gado que se acha com o meu ferro e sinais" tivesse o rendimento voltado à conclusão da obra e manutenção da referida capela.[77]

Quando faleceu, em 1734,[78] o coronel Salvador Cardoso deixou como testamenteiros seu filho, Matias Cardoso[79] e D. Maria da Cruz a quem coube fazer "amigavelmente partilhas com os [seus] quatro filhos machos [ ] os quais ficaram inteirados do que tocava de suas legítimas e as minhas filhas casadas[ ] que ficaram com os seus dotes, não entrando nas ditas partilhas". Conclui a testamenteira que ficaram "todos contentes" com a partilha.[80]

Viúva e, de acordo com as leis do Reino, meeira do patrimônio do casal, D. Maria passou a gerir todo o seu patrimônio, possivelmente, contando com a ajuda de seus dois filhos padres, que residiam com ela.

No "Memorial para conta que hei de dar a S.Mj.[ ] ou a meus superiores que governam[ ] para se evitarem os malefícios que frequentemente se cometem nos sertões desse Brasil sem temor da Justiça divina e humana [ ]", seu autor fornece um cenário do que se passava no Arraial das Pedras de Salvador Cardoso e adjacências, nas quais não havia "criminosos que

[72] VIANNA, Urbino. *Op. cit.*, p. 95.

[73] DELGADO, Joaquim Quaresma. *In*: VIANNA, Urbino. *Op. cit.*, p. 191-192.

[74] TESTAMENTO de D. Maria da Cruz, fl. 58v.

[75] BORRADOR, fl. 219.

[76] BORRADOR, fl. 165.

[77] CODICILO de D. Maria da Cruz, fl. 63v-64.

[78] CARTA do vice-rei, Vasco Fernandes César de Meneses, conde de Sabugosa ao rei. Bahia, 30 de junho de 1734. AHU, Bahia, cx. 48, doc.4264-CD-ROM n. 06.

[79] REGISTRO do Testamento do tenente coronel Matias Cardoso de Oliveira, fl. 88.

[80] TESTAMENTO de D. Maria da Cruz, fl. 59.

se punisse" e onde os viajantes que saíam das Minas com destino à Bahia eram constantemente assaltados por escravos dos poderosos e, muitas vezes, mortos com crueldade. Num primeiro momento, informa que "a maior parte dos ouros que saem das Minas dos Goiazes, furtados dos direitos reais [passavam] à viúva do dito Salvador Cardoso, chamada Maria da Cruz, comprando-os por baixo preço para os vender por mais". Nos relatos seguintes, fornece informações de alguns dos filhos de D. Maria. Descreve que o "clérigo do hábito de São Pedro, chamado Manoel Cardoso, meteu em açoites rigorosos a mulher [de um mestiço escravo da casa], açoitando-a pelas partes ocultas com as suas próprias mãos até [que] expirou a dita mulher e o dito clérigo não faz escrúpulo e continuou a dizer missa assim irregular". Relata que "o outro filho de Salvador Cardoso, do hábito de São Pedro, por usar de uma mulher casada" foi alvo do marido da dita mulher "que por ser de noite o errou. Mas daí a poucos dias, expirou o homem casado dizem que de veneno dado pela mesma mulher ". Descreve, ainda, o assassinato de um comboieiro de fazenda seca, que, seguido pelos escravos de Pedro Cardoso desde que deixara o Arraial das Pedras, fora morto no distrito da Bahia sendo necessário para o "enterrar ajuntarem-se os pedaços de seu corpo".[81] O poder desses potentados era de tal monta que, no contexto da Sedição de 1736, as autoridades reais usaram de toda uma estratégia para prender D. Maria e os homens a ela ligados, por parentesco ou por laços de amizade.

[81] MEMORIAL para conta que hei de dar a S.Mje. que Deus guarde ou a meus superiores que governam a qual tomo por trabalho para serviço de Deus Nosso Senhor e zelo do real serviço para se evitarem os malefícios que frequentemente se cometem nos sertões deste Brasil sem temor da Justiça divina e humana e vai declarado nos itens seguintes para melhor explicação, que é o que pude alcançar para dar notícia das partes por onde tenho andado. S/D.IAN/TT.PT-TT-MSBR/10. Manuscritos do Brasil. Livro 10, fl. 222-225v.

A Sedição de 1736

Em *Vassalos rebeldes*, afirmei que, no mundo violento das Minas, a viabilidade da manutenção das formas acomodativas entre os atores políticos coloniais e os metropolitanos dependeu:

1. da preservação dos acordos firmados entre a população e as autoridades, relativos aos limites da cobrança de impostos, à distribuição de terras, à garantia de abastecimento dos núcleos urbanos, enfim, da preservação dos acordos que estipulavam tanto procedimentos justos por parte da Coroa quanto obediência dos colonos a Portugal, uma vez mantidas as regras do jogo nas áreas onde o controle metropolitano era eficaz;
2. da capacidade da Metrópole de resguardar a autonomia de certos setores da população da Capitania, inseridos em áreas de povoamento peculiar ou de fronteira;
3. do respeito das autoridades portuguesas pelos interesses dos poderosos e do consenso dos magistrados em torno das políticas apresentadas pela Coroa para a Capitania.[82]

O colapso da acomodação derivado do aumento de impostos, estabelecimento de contratos de gêneros de primeira necessidade, abuso de poder pelas autoridades etc., tomou a forma de motins reativos, marcados pela tradição, **dentro das regras do jogo colonial.** Nestes levantamentos, os participantes defenderam a manutenção das regras estabelecidas, desde o alvorecer das minas, para o convívio entre as comunidades e a Metrópole. Enfim, estes movimentos tinham por objetivo restaurar o equilíbrio tradicional dos atores políticos no cenário colonial.

O fim da viabilidade das formas acomodativas, a partir da intromissão da ordem pública em redutos de forças privadas, em geral excluídas do controle

[82] A análise da Sedição de 1736 está baseada nos argumentos do livro *Vassalos rebeldes*. *Op. cit.*

fiscal e/ou administrativo do governo das Minas, do constrangimento de interesses dos poderosos e dos conflitos intra-autoridades, apresentou movimentos **referidos às formas políticas coloniais**, nos quais os participantes das sedições desrespeitaram as regras estabelecidas para arbitrar as relações entre colônia e Metrópole.[83] Denominamos as situações que possibilitaram a emergência dos motins referidos às formas políticas coloniais, de **contextos de soberania fragmentada**. Nestes contextos, atores coloniais acumularam recursos de poder suficientes para enfrentar, com relativa eficácia, a ordem pública, "fragmentando" a soberania metropolitana sobre a região, em princípio absoluta.

Essa tipologia, não obstante mantenha o fato colonial no horizonte, enfatiza a análise da dinâmica interna da colônia. Faço minhas as palavras de John Coatsworth, historiador americano que, ao examinar as revoltas coloniais na América Latina, concluiu com felicidade:

> a distinção precisa entre rebelião e submissão pode significar mais para as autoridades distantes e historiadores do que para os próprios participantes.[84]

Analiso, na tipologia construída, os casos híbridos, a Sedição de 1720 em Vila Rica e os motins do Sertão do São Francisco, que apresentaram tanto características dos levantamentos inseridos dentro das regras do jogo colonial quanto daqueles que, referidos às formas políticas coloniais, se processaram em contextos de soberania fragmentada.

Ao se iniciar os anos 30 do século XVIII, o volume do ouro arrecadado na Capitania ficava muito aquém das expectativas de D. João V. Consultas aos ex-governadores das Minas, D. Pedro de Almeida, Conde de Assumar e D. Lourenço de Almeida, indicaram a possibilidade de se adotar o imposto da capitação, segundo as diretrizes traçadas por Alexandre de Gusmão, Secretário de D. João V.[85]

Em 1733, foi enviado para as minas Martinho de Mendonça de Pina e de Proença, responsável pela implantação do novo sistema.[86] Com a

---

[83] Inspirei-me, para a construção dos dois tipos de movimentos, na análise de Ofle e Wiesenthal sobre a lógica da ação coletiva, embora estes autores tratem de um contexto contemporâneo peculiar. Ver OFFE, Claus; WIESENTHAl, Helmut. Duas lógicas da ação coletiva: anotações teóricas sobre classe social e forma organizacional. In: OFFE, Claus. *Problemas estruturais do Estado capitalista*. Rio de Janeiro: Tempo Brasileiro, 1984. p. 91 *passim*.

[84] COATSWORTH, John. Patterns of Rural Rebellion in Latin America: Mexico in Comparative Perspective. In: KATZ, Friedrich (Ed.). *Riot: Rebellion and Revolution*. Princeton: Princeton University Press, 1988. p. 23.

[85] A respeito do sistema de capitação ver: VASCONCELOS, Diogo. Minas e quintos do ouro. *Revista do Arquivo Público Mineiro*, n. 6, p. 855-896, 1901 e BOXER, Charles. *The Golden Age of Brazil: 1695-1750*. Berkeley: University of California Press, 1962. p. 216-221.

[86] Segundo a sua Instrução, Martinho de Mendonça deveria, entre outras diligências: 1. informar-se, com precisão, do número de escravos que vivia nas Minas e a ocupação deles,

possibilidade de se adotar a capitação, as Câmaras apresentaram uma contraproposta ao então Governador André de Melo e Castro, Conde de Galvêas, de aumentar a contribuição dos quintos para um mínimo de 100 arrobas anuais, permanecendo as Casas de Fundição. Aceita a contraproposta, esta vigorou em 1734 e 1735 apenas. A Coroa persistia no propósito de estabelecer o sistema de capitação, o que se efetivou a partir de 1735.

Aprovado o regulamento da capitação, este foi mandado cumprir por bando de 1° de julho de 1735 e, em razão das exigências do novo sistema, outro bando da mesma data determinou o retorno à circulação do ouro em pó após o fechamento das Casas de Fundição e proibiu a circulação de moedas na Capitania. Gomes Freire de Andrade assinou o regimento da capitação em 1735, o qual foi confirmado por carta do Secretário de Estado de 15 de agosto de 1736.

O regimento constava de 41 capítulos que dispunham sobre o processo de cobrança da taxa, o alcance do poder dos Intendentes e as medidas punitivas aos sonegadores do imposto. Pelo novo sistema homens livres, oficiais de qualquer ofício e escravos ficavam obrigados ao pagamento de 4 3/4 oitavas de ouro *per capita;* as vendas eram taxadas proporcionalmente aos seus cabedais.[87]Em cada distrito haveria um Intendente, subordinado ao Governador, ao qual eram submetidos os oficiais da Intendência – tesoureiro, fiscal, escrivão e meirinho – e todos os moradores do distrito. O Governador encarregava- se de distribuir aos Intendentes os bilhetes da matrícula da capitação, a qual seria realizada nos primeiros dias dos meses de janeiro e julho. Da matrícula deviam constar o nome e a pátria dos escravos, seus respectivos proprietários e suas residências. Pela portaria de 1 de agosto de 1735 foram estabelecidas as Intendências das Comarcas de Minas.

Segundo Boxer, "a taxa de capitação mostrou ser altamente impopular". Incidia de forma mais contundente sobre os pobres do que sobre os ricos, já que os escravos pagavam a mesma quantia independente dos

---

"*se são mineiros*, se *roceiros*, em *que sitias* e *por que espaço de tempo costumam estes minerar*"; 2. visitar a Casa da Moeda no Rio de Janeiro, examinar os materiais e instrumentos que haveriam de ser enviados para as Minas; 3. entrar em acordo com o Governador das Minas e os procuradores das vilas sobre a melhor maneira de se cobrarem os quintos, "*de sorte que* se *faça com* a *menor vexação que for possível*"; 4. insistir para que os moradores das vilas aceitassem a "*capitação geral de todos* os *escravos* e *uma contribuição proporcionada aos lucros que* se *faziam nas Minas, sem dependência de escravos, ficando* os *demais direitos antigos* em *seu vigor*". Cf. REGIMENTO ou Instrução que trouxe o Governador Martinho de Mendonça de Pina e de Proença de 30 de outubro de 1733. *Revista do Arquivo Público Mineiro*. 3 (1898), p. 85-88.

[87]As lojas grandes (mais de 30.000 cruzados) pagariam 12 oitavas de ouro, as médias (de 15.000 a 20.000 cruzados) 8 oitavas, as pequenas (de 2000 a 3000 cruzados) e os mascates seriam taxados com 4 oitavas de ouro. Cf. VASCONCELOS, Diogo. *Minas* e *quintos do ouro. Op. cit.* p. 898 *passim*.

resultados da extração do ouro. Igualmente os proprietários de estabelecimentos deficitários arcavam com os mesmos ônus daqueles que "retiravam grandes proventos" dos seus estabelecimentos. Os lavradores, por sua vez, sofriam uma dupla taxação, pois pagavam os dízimos sobre sua produção e a capitação referente aos seus escravos.[88]

A análise de Boxer pode ser comprovada pela representação dos oficiais da Câmara de Vila Rica ao Rei na qual tratavam da

> opressão universal dos moradores destas Minas involuta no arbítrio atual de se cobrarem os quintos de Vossa Majestade devidos, podendo ser pagos com alguma suavidade de outra forma, sem diminuição do que por direito está Vossa Majestade recebendo, na consideração de que ainda sejam lícitos os fins se deve abraçar os meios mais toleráveis; é pois geral o sentimento com que se vem decrescer as forças dos povos...[89]

Após a exposição do argumento, os oficiais finalizavam o documento pedindo a *real* "piedade e compaixão" na providência e suspensão do "insofrível e continuado castigo que [atormentava] até a própria alma dos pobres habitadores destas Minas".[90]

A situação era agravada pela adoção da penhora por dívidas daqueles que não podiam pagar ou que atrasavam o pagamento da taxa nas datas estipuladas. Como todo o movimento comercial na Capitania apoiava-se no sistema de crédito, a penhora por dívidas acarretou a retração do crédito aos mineiros.[91]

A cobrança da capitação no Sertão do São Francisco apoiou-se em disposições especiais em razão das singularidades regionais que certamente trariam dificuldades à execução do regimento na sua íntegra. Para esta cobrança, Martinho de Mendonça "autorizou pessoas de seu conceito, às quais recomendou que não vexassem os povos".[92]

---

[88] BOXER, Charles. *Op. cit.* p. 217.

[89] REPRESENTAÇÃO. Arquivo Público Mineiro. Seção Colonial. *Códice CMOP* 49. fl. 42r.

[90] *Ibidem*. p. 44r.

[91] "Para pagar em tempo sua taxa de capitação, a maior parte das pessoas era forçada a fazer empréstimos de mais quantidade de ouro, ou então vender seus próprios pratos, ou as joias da esposa e das filhas. Os escravos eram todos comprados a crédito, com longos prazos e os mineiros que não podiam pagar sua taxa de capitação, muitas vezes tinham esses escravos sequestrados pelos funcionários da Coroa, antes de terem pago por eles, em todo ou em parte. Esse estado de coisas acabou por produzir efeitos desfavoráveis no comércio com os portos, onde os negócios se iam fazendo cada vez mais retraídos no conceder crédito aos mineiros". BOXER, Charles. *Op. cit.* p. 218. Ver também Protestos das câmaras nas Minas Gerais contra a taxa de capitação em 1741/1751. Arquivo Público Mineiro. Seção Colonial. *Códice Costa Matoso* (cópia). fls. 243-248.

[92] VASCONCELOS, Diogo. *Minas* e *quintos do ouro. Op. cit.* p. 898 *passim*.
As disposições especiais que regiam a cobrança da taxa no Sertão foram:

Pela portaria de 19 de fevereiro de 1736 foi designado André Moreira de Carvalho, escoltado por um cabo de esquadra e uma partida de dragões, para a cobrança da taxa no Sertão. O Governador Interino deixou ao arbítrio do comissário as providências que se fizessem necessárias, desde que André Moreira persuadisse os moradores do Sertão da justiça do sistema. O comissário teria de fazê-los reconhecer o supremo poder da Coroa, personificado nos agentes metropolitanos e alertá-los de que, ao contrário dos povos das minas, sobrecarregados de tributos, sempre haviam sido poupados do pagamento de impostos, além de estarem isentos dos serviços de guerra.[93]

Apesar das precauções de Martinho de Mendonça e das disposições especiais para a cobrança da capitação no noroeste mineiro, os sertanistas não aceitaram a presença do comissário André Moreira de Carvalho. A autonomia dos poderosos do Sertão ficaria seriamente comprometida com a presença das novas autoridades instituídas para a cobrança do imposto. A resistência da *gente miúda* em pagar a taxa recém-estabelecida e as ameaças ao poder político dos potentados do Sertão foram responsáveis pela eclosão e generalização dos motins.

Martinho de Mendonça enfrentou graves dificuldades no governo da Capitania, não só para obter informações precisas sobre os movimentos do São Francisco como também para controlá-los.[94]

1- o livro de matrícula deveria ser entregue ao juiz de São Romão e remetido à Intendência de Sabará até o último dia do mês de abril;

2- a taxa de capitação, em sua primeira cobrança, cobriria seis meses passados e os seis que corriam, tornando-se esse procedimento regra geral para os futuros pagamentos;

3- o comissário deveria exercer rigorosa vigilância para que não houvesse a possibilidade de fuga dos moradores com os escravos, ao tempo do pagamento, através do rio São Francisco para a região do Carinhanha, Brejo do Salgado, Urucuia, Paracatu e caminhos de Goiás;

4- o comissário tinha autorização para prender e enviar para a cadeia de Sabará qualquer pessoa que resistisse à capitação.

Cf. VASCONCELOS, Diogo. *Minas e quintos do ouro. Op. cit.* p. 898-899.

[93] *Ibidem.*

[94] Segundo Diogo de Vasconcelos, Martinho de Mendonça "que já estava prevenidíssimo sobre indícios de uma sublevação, logo que teve conhecimento dos motins de Montes Claros, da Barra do Rio das Velhas e do Rio Verde, farejando o rastro da Inconfidência, tratou imediatamente de reunir elementos de reação".

Cf. VASCONCELOS, Diogo. *História média de Minas Gerais.* Belo Horizonte: Itatiaia, 1974. p. 114.

Como mostraremos a seguir, Martinho de Mendonça, durante algum tempo, sequer esteve convicto da veracidade das informações a respeito dos motins. Tanto foi assim que, em novembro de 1737, o Governador afirmava com relação a um provável início de revolta em Vila do Carmo: "... em semelhante matéria não se deve desprezar qualquer principio, como mostrou a experiência nos motins do Sertão, aonde não se fazendo caso das vozes que se disseram uma noite na barra do Rio das Velhas, se experimentou, ao depois, uma

O primeiro motim eclodiu, em março de 1736, no Arraial de Capela das Almas contra o juiz de Papagaio, responsável por tirar devassas de alguns tumultos que haviam ocorrido em Barra do Rio das Velhas.[95] Os amotinados, após as violências contra o juiz, ficaram à espera da esquadra do Barreto, alferes da tropa de dragões, para enfrentá-la, atitude que, de acordo com o Governador Interino, indicava "máquina maior fomentada por cabeça grande".[96] O segundo movimento iniciou-se em princípios de maio no sítio de Montes Claros, junto ao Rio Verde, contra o comissário da capitação, André Moreira. Estes tumultos, liderados por André Gonçalves Figueira, foram mais generalizados e mais violentos do que o da Barra do Rio das Velhas.

Martinho de Mendonça deduziu, pelas informações do comissário, que ambos os movimentos "se encaminhavam do mesmo fim" e portanto era "crível que tivessem os mesmos incitadores".[97] Em carta a Francisco da Cunha Lobo, Desembargador Intendente, o Governador ordenava lhe tirar devassas das assuadas e informava que, em caso da eclosão de novos motins, lhe seria delegado "poder econômico e militar". Lembrava-lhe Martinho de Mendonça que nas revoltas "nunca [era] antecipada a prisão, nem vagarosa a soltura". Recomendava ao Desembargador prender os líderes da Sedição porque "nos delitos da multidão [...] a piedade que se usa com muitos se deve ressarcir como rigor e severidade com que se deve tratar os poucos que são cabeças". Ordenava-lhe o Governador infundir nos líderes da Sedição "o temor e o respeito às leis do soberano".[98]

O Governador determinou que o mestre de campo Faustino Rebelo, João Jorge Rangel e Gaspar Ribeiro da Gama assistissem a João Soares Tavares, Intendente de Sabará, nas devassas que este deveria tirar dos motins "com grande miudeza". Informou, contudo, Martinho de Mendonça

---

formal rebelião...". Cf. CARTA de Martinho de Mendonça ao Dr. Juiz de Fora da Vila do Ribeirão do Carmo de 3 de novembro de 1737. Arquivo Público Mineiro. Seção Colonial. *Códice* SG 61 fl. 64.

Sobre os motins do Sertão ver: ANASTASIA, Carla Maria Junho. *A sedição de 1736: estudo comparativo entre a zona dinâmica da mineração e a zona marginal agro-pastoril do São Francisco*. 1982. Dissertação (Mestrado) – FAFICH, UFMG, Belo Horizonte, 1982 e MATA-MACHADO, Bernardo. *História do sertão noroeste de Minas Gerais*. 1690-1930. Belo Horizonte: Imprensa Oficial, 1991. p. 43-50.

[95] Para o Desembargador Intendente Francisco da Cunha Lobo. 17 de junho de 1736. Arquivo Público Mineiro. Seção Colonial. *Códice* SG 54, fls. 22, 22v, 23.

[96] Para o Dr. João Soares Tavares. 20 de junho de 1736. Arquivo Público Mineiro. Seção Colonial. *Códice* SG 54, fl. 25.

[97] Para o Desembargador Intendente Francisco da Cunha Lobo. 17 de junho de 1736. Doc. cit.

[98] *Ibidem*. Para o Desembargador Francisco da Cunha Lobo. 29 de junho de 1736. Arquivo Público Mineiro. Seção Colonial. Códice SG 54, fl. 29.

que tinha grandes suspeitas de Faustino ser cúmplice dos rebeldes, uma vez que sempre se colocara contra a cobrança dos quintos e fora motor dos levantes de Catas Altas ocorridos em 1719, juntamente com Manoel Rodrigues Soares.[99] Este último espalhara espias e comissários por todas as partes do Sertão que o informavam dos movimentos dos ministros e das tropas, permitindo o trânsito mais livre dos revoltosos.[100]

Com a inquietação generalizada no noroeste da Capitania, Martinho de Mendonça ordenou a Francisco Barreto que suspendesse a marcha para os Goiáses, escoltasse o comissário da capitação e se colocasse à disposição do Desembargador até a chegada de oficial maior.[101]

No início de julho de 1736, o Desembargador Cunha Lobo informava ao Governador estar extremamente apreensivo com as notícias que lhe dera André Moreira. Ao Desembargador parecia que não haviam cessado os motins "daqueles insolentes" os quais persistiam "no absurdo de repugnarem [...] a capitação". Se as notícias de André Moreira não estivessem refletindo o "terror pânico" do comissário, que andava muito desvalido, Cunha Lobo acreditava que as notícias "nunca [eram] para desprezar".[102] Dispunha-se a examinar de perto a "hidra" que se apresentava e os meios de destruí-la. Nesse mesmo dia, voltou o Desembargador a escrever ao Governador, informando-lhe a esta altura que os amotinados, com medo dos destacamentos de cavalaria, haviam finalmente resolvido pagar o novo imposto.[103]

O Governador Interino, frente às notícias contraditórias, aguardava o desenrolar dos acontecimentos, mantendo porém o rigor das devassas e enviando José de Morais a Cachoeira do Campo, com o pretexto de comprar cavalos, para obter informações sobre o estado da região do

---

[99] Para o Dr. João Soares Tavares. 19 de junho de 1736. Arquivo Público Mineiro. Seção Colonial. *Códice SG* 54, fl. 51v, 52r. Em carta de 1726, o Rei de Portugal informava a D. Lourenço de Almeida que o mestre de campo Faustino Rebelo era "*homem muito poderoso, e das principais pessoas das Minas, e procurador e sócio dos dois que chamais régulos, Manoel Nunes Vianna e Manoel Rodrigues Soares,* os *quais também são muito poderosos e se acham metidos no Sertão e situados em parte onde se não pode ter com eles* a *coação*". Seção Colonial. *Códice* SG 29 fl. 16. Em 3 de julho de 1736, o Governador informou ao desembargador Rafael Pires Pardinho a prisão de Faustino Rebelo, que fora enviado para Sabará. Posteriormente, Faustino foi enviado à Vila Rica onde ficou aguardando a sua partida para o Retiro. Para o Desembargador Rafael Pires Pardinho. 3 de julho de 1736. Arquivo Público Mineiro. Seção Colonial. *Códice* SG 54, fl. 31.

[100] Para o Dr. João Soares Tavares. 19 de junho de 1736. Doc. cit.

[101] Para Francisco Barreto Pereira Pinto. 27 de junho de 1736. Arquivo Público Mineiro. Seção Colonial. *Códice* SG 54. fl. 21.

[102] Carta de Francisco Cunha Lobo para o Governador de 8 de julho de 1736. Arquivo Público Mineiro. Seção Colonial. *Códice* SG 54, fls. 106r, 107r.

[103] *Ibidem*. fls. 107v, 108r.

São Francisco com os sertanistas que lá estivessem negociando gado.[104] Sobretudo, insistia o Governador com seus ministros na necessidade da cobrança do novo imposto, pouco lhe importando que a capitação necessitasse de "termos mais violentos no sertão, sendo tão suavemente aceita e executada nas minas".[105]

O comissário André Moreira estava convicto de que o "levante fora disposto por gente vil e de pouca suposição". Já o Desembargador Cunha Lobo reputou por "inverossímel esta asserção, porque de ordinário sempre as sublevações têm cabeças superiores e poderosas".[106] Cunha Lobo acreditava que a rebelião era fomentada e "influída nos humildes" pelos principais moradores do Sertão, em especial Domingos do Prado Oliveira, proprietário de 500 arcos e de muitos escravos.[107] Assim, para o comissário André Moreira, os motins do Sertão eram resultado da indisposição do povo miúdo com o estabelecimento do novo imposto, o que nos levaria a caracterizá-los como uma *tax rebellion*. Para Cunha Lobo, entretanto, os motins eclodiram em razão da prepotência e da autonomia dos potentados do noroeste da Capitania, que se negavam sistematicamente a reconhecer a autoridade da Metrópole, posição que nos permite defini-los como movimentos referidos às formas políticas coloniais em um contexto de soberania fragmentada.

Martinho de Mendonça, por sua vez, ainda indiferente às opiniões sobre os motins, permanecia insatisfeito com o andamento da capitação não só no Sertão quanto no Tejuco. O desembargador do Serro Frio, Rafael Pires Pardinho, estava velho demais e nunca fora um "grande capitante". A Francisco da Cunha Lobo não agradava que a capitação fosse feita fora dos registros, além de se considerar Intendente perpétuo. Ambos criticavam duramente Alexandre de Gusmão, idealizador do novo sistema, e dificultavam o bom andamento da arrecadação. Parecia a Martinho de Mendonça que os desembargadores "tudo [faziam] às avessas".[108]

Mais descontentes, porém, estavam os moradores do sertão. Em 6 de julho de 1736, os amotinados, vindos das beiras do São Francisco, "de baixo e de cima", entraram no Arraial de São Romão. Engrossavam o tumulto "mais de 500 arcos e flechas", totalizando cerca de 900 homens, uns a pé, outros a cavalo.

---

[104]Carta do Governador a Gomes Freire de Andrade. 9 de julho de 1736. Arquivo Público Mineiro. Seção Colonial. *Códice* SG 55. fls. 86r, 86v, 87r.

[105] Para o Desembargador Francisco da Cunha Lobo. 21 de julho de 1736. Arquivo Público Mineiro. Seção Colonial. *Códice* SG 54, 11. 33v.

[106] *Ibidem*.

[107] Carta de Francisco da Cunha Lobo para o Governador de 19 de julho de 1736. Arquivo Público Mineiro. Seção Colonial. *Códice* SG 54. fl. 111v, 112r.

[108]Carta do Governador a Gomes Freire de Andrade de 28 de julho de 1736. Arquivo Público Mineiro. Seção Colonial. *Códice* SG 55. fl. 94r.

Os rebeldes exigiam que o Governador "aliviasse" a capitação sem o que voltariam a São Romão ao cabo de 33 dias e dali partiriam, todos armados, para as minas.[109] Afirmavam que a causa do tumulto era "a sublevação que se fazia aos moradores [dos] sertões; fora das contagens e terras minerais se impunha capitação aos seus escravos". A injustiça do sistema estava em tributar escravos que serviam nas fazendas de gado vacum e cavalar que já pagava contagens e dízimos. Os amotinados acrescentavam que caso houvesse "alguém que com algum negro [plantasse] alguma lavoura", só o fazia para sua subsistência, uma vez que as terras eram estéreis e sujeitas ao gentio bravo e não era justo, portanto, que os moradores do Sertão fossem tributados.[110]

Ao juiz de São Romão foi apresentado o requerimento dos rebeldes, que lhes "deferiu, aceitando-o como juiz" para evitar que fossem às Minas. O requerimento foi enviado ao Governador e o juiz alertou a Martinho de Mendonça que, caso os amotinados chegassem até às minas, disto poderia "resultar Coroa e repúblicas".[111]

Este motim foi controlado por Domingos Alves Ferreira que, obrigado a acompanhar os revoltosos em Brejo do Acari, conseguiu, com alguns capatazes, espalhá-los em São Romão aos gritos de "Viva D. João, o Quinto, e morram os traidores e régulos à Coroa".[112] A fidelidade ao Rei, expressa nas *vozes populares,* aparece em várias outras circunstâncias. O soberano, figura mítica e incorpórea, é preservado mesmo em alguns motins referidos às formas políticas coloniais. As autoridades metropolitanas, responsáveis pelo controle da população colonial, eram responsabilizadas por perverterem as justas ordens emanadas do Rei. Assim é que, no mais das vezes, os amotinados saíam às ruas aos gritos de "Viva El Rei, Viva o Povo e Morra o Governador". Em alguns enfrentamentos, com situações de soberania fragmentada mais agudas, é possível detectar um repúdio generalizado à Coroa e às ordens que dela emanam através do sintético "Viva o Povo, senão morra".

A esta altura, porém, o Governador Interino já formara opinião sobre os motins do Sertão. Em primeiro lugar, "não tinha por verdadeiras" as informações que lhe eram prestadas pelo Desembargador Intendente Francisco da Cunha Lobo e pelo mestre de campo João Ferreira Tavares.

---

[109] CARTA do desembargador Francisco Cunha Lobo para o Governador de 29 de julho de 1736. Arquivo Público Mineiro. Seção Colonial, *Códice* SG 54, fl. 118 v, 119v e CARTA do Juiz de São Romão Francisco Souza Ferreira para o Governador de 10 de agosto de 1736. Arquivo Público Mineiro. Seção Colonial, *Códice* SG 54, fls. 122v, 123v.

[110] CARTA do Juiz de São Romão para o Governador de 10 de agosto de 1736. Doc. cit.

[111] *Ibidem*. CARTA de Antônio Tinoco Barcelos para Gomes Freire de Andrade de 29 de julho de 1736. Arquivo Público Mineiro. Seção Colonial, *Códice* SG 54, fls. 56v, 57r.

[112] Cl. CARTA de Domingos Alves Ferreira para o Governador de 9 de setembro de 1736. Arquivo Público Mineiro. Seção Colonial. *Códice* SG 54, fls. 156r a 157r.

Francisco da Cunha Lobo havia escrito a Martinho de Mendonça que resolvera, juntamente com o mestre de campo, seguir para Brejo do Salgado e Barra do Jequitaí para se oporem aos "bárbaros rebeldes e tratá-los como inimigos". Dispostos os dois ministros a tirar devassa da investida dos amotinados em São Romão, nada conseguiram. Seguiram para Capela das Almas e Barra do Rio das Velhas, mas seus moradores fugiram em canoas e se embrenharam nas caatingas do Tabuleiro. O Desembargador informou ao Governador que havia três dias estava na Barra e só conseguira seis testemunhas. Cunha Lobo afirmava estar certo de que os poderosos comandavam o povo, mas nada conseguia provar contra eles.[113]

Cunha Lobo solicitou ao Governador que enviasse mais partidas de dragões e mais capitães-do-mato, pois só assim poderia enfrentar os graves tumultos que eclodiam intermitentemente no Sertão. Além da necessidade de reforços, o Desembargador avisou o Governador das dificuldades das autoridades permanecerem na região, tendo em vista a chegada da estação das águas com "sezões e malignidades".[114] Descrente das razões de Cunha Lobo e do mestre de campo, Martinho de Mendonça os acusou de inventarem quimeras por estarem com medo, na verdade, de contraírem as doenças do sertão.

Tampouco acreditava Martinho de Mendonça no comissário da capitação André Moreira que a "cada hora [sonhava]novo exército de levantados". O Governador dizia-se seguro de que "o tempo [mostraria] as quimeras que se [contavam] sobre os motins do sertão", nascidas da imaginação de "gente mal intencionada que [vivia] desde a barra até São Romão".[115]

Contudo, a posição de Martinho de Mendonça revelava-se contraditória. Se por um lado não acreditava na existência dos graves tumultos no noroeste de Minas, por outro insistia na insolência das reivindicações dos rebeldes, consideradas inegociáveis. Em carta de 1° de agosto de 1736, para Antônio Tinoco Barcelos, afirmava que "se os rebeldes fossem fiéis vassalos, seriam atendidos com justiça".[116] Este sempre foi o argumento típico das autoridades para a negociação em caso de motins considerados dentro das regras do jogo

[113] CARTA do desembargador Francisco da Cunha Lobo para o Governador de 7 de agosto de 1736. Arquivo Público Mineiro. Seção Colonial, *Códice* SG 54, fls. 127r a 129v.

[114] CARTA do desembargador Francisco da Cunha Lobo para o Governador de 29 de julho de 1736. Doc. cit.

[115] CARTA do Governador a Gomes Freire de Andrade de 13 de agosto de 1736. Arquivo Público Mineiro. Seção Colonial. *Códice* SG 55. fls. 100v e 101v. CARTA do Governador para o capitão de dragões José de Morais Cabral de 3 de setembro de 1736. Arquivo Público Mineiro. Seção Colonial. *Códice* SG 54 fls. 56v, 57r. CARTA do Governador para o Intendente da Fazenda Real Manoel Dias Torres de 7 de setembro de 1736. Arquivo Público Mineiro. Seção Colonial. *Códice* SG 54 fl. 18.

[116] CARTA do Governador para Antônio Tinoco Barcelos de 13 de agosto de 1736. Arquivo Público Mineiro. Seção Colonial, *Códice* SG 54, fl. 18.

colonial. Para Martinho de Mendonça "ajuntamento de povo, armas e gritos", como estava acontecendo no Sertão, não eram "meios de alcançar favor".[117]

Por outro lado, o Governador afirmava ter convicção de que o corpo de rebeldes era composto por gente miúda, por que escravos só os tinham Manoel Rodrigues Soares, Luís de Siqueira e Domingos do Prado e estes negros e índios não eram suficientes para sustentar os motins. Martinho de Mendonça, duvidando da força dos tumultos, escreveu com ironia a Gomes Freire de Andrade que o capitão da tropa de amotinados, responsável pela primeira investida em São Romão

> lhe [parecia] que o [era] tanto na realidade como o foi o Rei do Rio das Mortes, pois [...] aquele falava latim aplicando textos a propósitos, e este [era] um mama Luiz filho de uma carijó, nascido e criado no rio de São Francisco.[118]

Contudo, Gomes Freire de Andrade, em resposta à carta do Governador Interino, aconselhava-o a não "desprezar antes dedar a conhecer quanto um ajuntamento de pés rapados, mulatos e mamelucos [...] não[faria] demorara cobrança da capitação".[119]

O Governador justificava a sublevação desta gente miúda como resultado do odioso pagamento da capitação pelos "mulatos, filhos de homens livres, que [eram] muitos e muito pobres".[120] Embora desconsiderasse a força dos motins, ridicularizasse a qualidade dos homens do Sertão e não estivesse disposto a negociar, Martinho de Mendonça, para atender a gente miúda, ordenou a André Moreira "que praticasse [na cobrança do imposto] toda a moderação".[121]

Ainda, segundo o Governador, as outras duas razões que haviam gerado os motins eram derivadas da má qualidade dos povos do Sertão e não permitiam "supor maior máquina". Referiam-se ao controle que a capitação passaria a exercer na região sobre "a liberdade de se servir com escravos induzidos e furtados aos passageiros" e ao conhecimento que passaria a ter o Intendente dos diversos delitos cometidos no Sertão.[122]

---

[117] *Ibidem.*

[118] CARTA do Governador para Gomes Freire de Andrade de 23 de julho de 1736. Arquivo Público Mineiro. Seção Colonial, *Códice* SG 55, fls. 91v, 92v. Martinho de Mendonça referia-se, ao comparar o capitão da tropa de amotinados do Sertão com o rei do Rio das Mortes, à fracassada insurreição escrava na região mineradora em 1719, no governo do Conde de Assumar, na qual os negros escolheram rei, rainha e oficiais militares que governariam as Minas caso a Sedição fosse bem sucedida.

[119] CARTA do Governador para Gomes Freire de Andrade de 13 de agosto de 1736. Doc. cit.

[120] *Ibidem.*

[121] *Ibidem.*

[122] CARTA de Martinho de Mendonça para o Conde de Galvêas de 26 de setembro de 1736. Arquivo Público Mineiro. Seção Colonial, *Códice* SG 55, fls. 128r a 130r

Outra razão era de ordem econômica. Informava Martinho de Mendonça ao ex-governador das Minas, Conde de Galvêas, que o distrito do Sertão lucrava todos os anos mais de um milhão, "no aumento dos gados que nele se[engordavam]". Passavam de vinte mil as reses que nele nasciam, "governando-se as fazendas com pouquíssimos escravos". O produto dos gados do Piauí e das demais regiões do Sertão e muitos carregamentos dos portos do país passavam "por quintar às mãos dos mais poderosos, e a falta de ilícito lucro [foi] que [fez ao Sertão] odiosa a capitação", impossibilitando os principais de se "servirem com escravos que ali se [refugiavam] e que [roubavam] aos passageiros".[123] A única razão à qual Martinho de Mendonça não se referiu explicitamente foi à autonomia dos potentados do Sertão e sua recusa sistemática em aceitar outro polo de poder, com o avanço da ordem pública para o noroeste de Minas, que constituiu, a nosso ver, um caso típico de soberania fragmentada.

Nos dias anteriores ao encerramento do prazo dos 33 dias, apresentado pelos amotinados em 6 de julho no Arraial de São Romão, o mestre de campo João Ferreira Tavares escreveu ao Governador informando-lhe estar de posse de notícias fidedignas de "ter saído o povo amotinado do Arraial de Januário Cardoso há muitos dias". Deixaram Brejo do Salgado uns poucos "ladrões peralvilhos" que seguiram para Carinhanha onde se juntaram com outros, e todos subiram ao Arraial de Januário Cardoso, unindo-se à tropa de Domingos do Prado. Todos juntos, rio acima em canoas, voltaram ao Brejo do Salgado para arregimentar mais pessoas, o que fizeram ameaçando de lhes queimar os engenhos, e se dirigiram para São Romão. Em 12 de agosto, um pardo, morador duas léguas abaixo do arraial, recebera mensagem dos levantados para que "tivesse gado junto no curral" pois os rebeldes lá chegariam dentro de dois dias.[124]

Francisco da Cunha Lobo e João Ferreira Tavares já haviam informado a Martinho de Mendonça em 7 de agosto que Domingos Rodrigues do Prado e todos os seus negros subiam armados para São Romão, com o intento de passarem às minas no dia da cobrança da capitação. No caminho, os rebeldes insultaram os comboieiros, roubando-lhes fazendas, cavalos e negros, ameaçando os que não aceitavam acompanhá-los. Cunha Lobo recebera informações que os moradores estavam dispostos a seguir os amotinados, no que não acreditava "porque as rebeliões não [costumavam] sair de seu próprio país". Afirmava o Desembargador que a revolta estava "cada vez mais obstinada nas vizinhanças do Prado, Carinhanha e Brejo do Salgado, que são as extremidades mais longínquas do governo".[125]

---

[123] *Ibidem.*

[124] CARTA de João Ferreira Tavares ao Governador de 23 de agosto de 1736. Arquivo Público Mineiro. Seção Colonial, *Códice* SG 54, fls. 133v a 134v.

[125] CARTA de Francisco da Cunha Lobo para o Governador de 7 de agosto de 1736. Arquivo Público Mineiro. Seção Colonial, *Códice* SG 54, fls. 129, 129v; CARTA do Mestre de

Já o tabelião de Papagaio, João Bezerra da Silva, comunicou a Gomes Freire de Andrade que os moradores de Pitangui clamavam pela presença dos revoltosos na Vila, os quais, a esta altura, eram quase 3000 homens a ameaçar o Governador, Intendentes e ministros e "por forma nenhuma[convinha] que este malvado povo [chegasse] às abas das minas". De acordo com João Bezerra da Silva, para controlar o Sertão e "sossegar[os] malditos", deveria ser implantado um projeto muito diferente das minas, porque ali eram os "frades e muitos clérigos [...] a pedra do escândalo, pois [haviam sido] eles [que] moveram as águas para esta grande enxurrada".[126]

Martinho de Mendonça enviou João Ferreira com o destacamento para as vizinhanças das Macaúbas, buscando impedir que os sublevados entrassem em Sabará, urna vez que havia sido informado de um "segundo levante em São Romão com poder formidável". Apesar disso, o Governador continuava a não considerar a aludida força do motim. Segundo ele, "computando por cômputo largo" todos os moradores do Sertão, as notícias do segundo levante lhe pareciam

> coisa do Rei Negro que V.E. [Gomes Freire de Andrade] tem na lembrança; lembrava-me dos 500 arcos do Prado sabendo que não tinha 50 índios, nem se acharia por todo o preço um arco só em todo o distrito.

Entretanto, por não poder desconsiderar a notícia que lhe dava um oficial, e confirmava um ministro, enviou para o Sertão José de Morais com urna tropa de dragões.[127]

Não obstante, descrente do poder dos levantados, o Governador ordenou a Sebastião Mendes de Carvalho, recém-nomeado Provedor e Intendente dos Goiases, que prendesse suspeitos do motim de Capela das Almas e, em São Romão, principal origem das inquietações, averiguasse o comportamento

---

Campo João Ferreira Tavares ao Governador de 7 de agosto de 1736. Arquivo Público Mineiro. Seção Colonial, *Códice* SG 54, fls. 129v a 131. CARTA do Governador para o capitão de dragões José de Morais Cabral de 27 de agosto de 1736. Arquivo Público Mineiro. Seção Colonial, *Códice* SG 54, fl. 45v.

[126] CARTA do Tabelião de Papagaio João Bezerra da Silva para Gomes Freire de Andrade de 27 de agosto de 1736. Arquivo Público Mineiro. Seção Colonial, *Códice* SG 54, fls. 138v a 139v.

O tabelião estava se referindo principalmente ao Padre Antônio Mendes Santiago, acusado de liderar o primeiro motim de São Romão. Padre Mendes Santiago foi acusado de ser cúmplice de João da Cunha de Vasconcelos, líder dos violentos motins ocorridos nos Tocantins em 1735 e 1736 e que se refugiou no Sertão do São Francisco. Cf. CARTA de Martinho de Mendonça para Gomes Freire de Andrade de 12 de dezembro de 1736. Arquivo Público Mineiro. Seção Colonial, *Códice* SG 56, fls. 21 r, 21v.

[127] CARTA de Martinho de Mendonça para Gomes Freire de Andrade de 24 de agosto de 1736. Arquivo Público Mineiro. Seção Colonial, *Códice* SG 55, fls. 104v a 105v.

do sargento-mor Antônio Tinoco Barcelos e lhe informasse também sobre a fidelidade do escrivão que redigira o requerimento dos amotinados.[128]

Alheios às devassas ordenadas pelo Governador, os amotinados continuavam a sua marcha, liderados por Pedro Cardoso, investido no cargo de procurador do povo.[129] No seu caminho para São Romão, os rebeldes assaltaram viajantes, roubaram e saquearam casas, forçaram mulheres casadas e solteiras, cometeram muitas outras insolências e, depois, partiram para a sede da Comarca do Rio das Velhas.[130] Os amotinados, a pretexto do chamado dos moradores das minas, pretendiam conquistar Sabará e ampliar os tumultos até a ocupação de Vila Rica. Para tanto, a tropa rebelde contava com a ajuda que lhe seria dada em Jequitaí por fazendeiros poderosos da região, em especial Manoel Rodrigues Soares, José de Queirós, Luís de Siqueira e Dr. Miguel de Souza, filho e herdeiro de Manuel Nunes Viana. As atrocidades cometidas pelos revoltosos na sua jornada resultaram na condenação à morte do mestre de campo dos amotinados pelas suas próprias tropas, e na recusa dos potentados de Jequitaí, em cuja união vinham confiados, em os acompanharem. Vinte e quatro homens haviam sido enviados à Capela das Almas e Barra do Rio das Velhas para buscarem os moradores destes arraiais e os levarem até Jequitaí. No entanto, estes sertanistas recusaram acompanhá-los "pela falta dos principais".[131]

A partir deste momento, os tumultos começaram a involuir no sertão.

---

[128]INSTRUÇÃO para melhor direção da diligência cometida ao Dr. Sebastião Mendes de Carvalho de 12 de agosto de 1736. Arquivo Público Mineiro. Seção Colonial, *Códice* SG 54, fls. 54r, 54v.

[129] Pedro Cardoso era filho de D. Maria da Cruz, figura lendária no Sertão, considerada nas devassas como peça fundamental da Sedição de 1736, e sobrinho de Domingos do Prado Oliveira. Pedro Cardoso possuía extensa fazenda de gado, além de se ocupar do comércio de sal, ferragens e gêneros da Bahia. Era considerado um dos principais potentados do noroeste de Minas e possuidor de uma fortuna incalculável.

Os amotinados constituíram também um general das armas, marechal de campo, juiz de povo e secretário de governo, postos preenchidos pelos capatazes dos contingentes locais, "delinqüentes que além da rebelião cometeram homicídios, forçamento de mulheres, incêndios e roubos que chamavam confiscos, publicando bandos com pena de morte". O secretário do governo foi Francisco de Souza e Melo, filho de Martim Alonso de Meio, que havia sido secretário de Manoel Nunes Viana, "no seu intruso das Minas." Cf. CARTA de Martinho de Mendonça para o Conde de Galvêas de 26 de outubro de 1736. Arquivo Público Mineiro. Seção Colonial, *Códice* SG 55, fls. *127r*, 127v; CARTA de Martinho de Mendonça para o Conde de Galvêas de 11 de dezembro de 1736. Arquivo Público Mineiro. *Códice* SG 55, fls. 134v, *135r*.

[130]CARTA de Domingos Alves Ferreira para o Governador de 9 de setembro de 1736. Arquivo Público Mineiro. Seção Colonial, *Códice* SG 54, fls. 156r a 157r.

[131]CARTA de João Ferreira Tavares para o Governador de 3 de setembro de 1736. Arquivo Público Mineiro. Seção Colonial, *Códice* SG 54, fls. 147v, 148.

Arrefecidos os motins, o Intendente Sebastião Mendes de Carvalho mandou, em novembro de 1736, o tenente Simão da Cunha Pereira com seus homens para a região do Urucuia, onde prenderam mais de 60 pessoas, fizeram sequestros de bens, matricularam escravos e, finalmente, cobraram a capitação.[132]

Em fins de novembro, Martinho de Mendonça remeteu para Vila Rica alguns poucos presos, acusados pela devassa de terem cometido, além dos atos sediciosos, "execráveis delitos", como mortes, incêndios e estupros.[133] O controle dos motins do Sertão não significou o sossego do Governador Interino, Martinho de Mendonça.[134]

Nos últimos meses de 1737, Martinho de Mendonça inquietava-se com rumores de uma Sedição em Vila do Carmo, que seria um desdobramento dos motins do Sertão. Afirmava o Governador que "o método presente da cobrança da capitação [...] se tem feito odioso ao vulgo...". Ciente, àquela altura, da gravidade da situação que enfrentara no Sertão, Martinho de Mendonça estava convicto de que os motins de 1736 tinham correspon-

---

[132] CARTA de 2 de novembro de 1736. Arquivo Público Mineiro. Seção Colonial. *Códice* SG 54, fls. *171r*, 172v.

[133] CARTA de Martinho de Mendonça a Gomes Freire de Andrade de 24 de novembro de 1736. Arquivo Público Mineiro. Seção Colonial. *Códice* SG 55, fl. 132.

Desde que os motins haviam sido controlados, em fins de 1736, Martinho de Mendonça esperava "poder executar na cabeça dos culpados o castigo, que por ora só se [podia] executar nas suas estátuas...". Cf. CARTA de Martinho de Mendonça de 15 de dezembro de 1736. Arquivo Público Mineiro. Seção Colonial. *Códice* SG 56, fl. 15v.

A maioria dos revoltosos, porém, conseguiu embrenhar-se no Sertão e escapar da prisão. Segundo o Governador, a "vastidão do pais [situado] nos extremos da capitania [faziam] extremamente dificultoso conseguir [as] prisões e, por mais prudentes e consideradas que [fossem] as medidas [seria] fortuna grande prenderem-se os réus". Cf. INSTRUÇÃO para o Dr. Manoel Dias Torres, Intendente da Fazenda Real da Comarca do Sabará, sobre os principais cabeças dos motins do Sertão e prevenções para a prisão deles de 1° de maio de 1737. Arquivo Público Mineiro. Seção Colonial. *Códice* SG 61, fls. 60r, 61r.

Em setembro de 1738, Gomes Freire de Andrade enviou ao Brigadeiro José da Silva Paes quatorze presos acusados dos motins do Sertão que, acompanhados de D. Maria da Cruz, seu filho Pedro Cardoso, considerados principais cabeças da Sedição e das devassas, deveriam ser remetidos para a Bahia à ordem do Vice-Rei. Os réus eclesiásticos foram colocados à *mercê* da justiça do Bispado de Pernambuco.

Cf. CARTA de Gomes Freire de Andrade para o Brigadeiro José da Silva Paes de 3 de setembro de 1738. Arquivo Público Mineiro. Seção Colonial. *Códice* SG 66, 11. 126v.

[134] Cf. CARTA de Martinho de Mendonça para o Desembargador Rafael Pires Pardinho de 8 de novembro de 1737. Arquivo Público Mineiro. Seção Colonial. *Códice* SG 61, fls. 66v, 67; CARTA de Martinho de Mendonça para o Dr. Juiz de Fora da Vila do Ribeirão do Carmo de 3 de novembro de 1737. Arquivo Público Mineiro. Seção Colonial. *Códice* SG 61, fl. 64; CARTA de Martinho de Mendonça ao Desembargador Plácido de Almeida de 9 de novembro de 1737. Arquivo Público Mineiro. Seção Colonial. *Códice* SG 61, fls. 67v, 68.

dência nas Minas, "onde nunca [faltavam] descontentes e casualidades que, diminuindo o respeito do Governo, indiretamente [animavam] os mal-intencionados". O Governador desconfiava que as vozes que se ouviam em Vila do Carmo eram provenientes da Comarca do Rio das Velhas, sempre rebelde, e enviou, para a sede da Comarca, o tenente Simão da Cunha Pereira com uma tropa de dragões para evitar qualquer tipo de tumulto em Sabará. Pelas devassas dos motins do Sertão, Martinho de Mendonça fora informado que "os sublevados fiavam muito nos seus parciais das Minas" e que os moradores de Sabará esperavam ansiosos pelos levantados do São Francisco. As vozes de "viva El Rei, viva o Povo e morra Martinho de Mendonça" eram, segundo O Governador, as mesmas "com que no sertão se juntaram, roubando e queimando casas, tirando e fazendo juízes e oficiais, sentenciando à morte e executando as sentenças". Embora os rumores do levantamento não tenham se confirmado, todo cuidado era pouco porque "as vozes populares e sediciosas muitas vezes, quando ainda no lugar de origem são ainda sussurro oculto, nas partes mais distantes, são já, sem fazer mistério, motivos de conservação pública". As dificuldades em controlar a região noroeste de Minas Gerais permaneciam. Apesar das suas especificidades, não podia se constituir em empecilho para a sujeição dos povos. O comportamento dos atores em contextos de soberania fragmentada, característicos dos motins referidos às formas políticas coloniais, já havia se revelado uma ameaça à previsibilidade da ordem social na região das minas.

O Intendente dos Goiases, Sebastião Mendes de Carvalho, responsável pela devassa da Sedição de 1736, profundo conhecedor dos problemas do Sertão, sugeriu ao Rei de Portugal que nomeasse um juiz letrado para o Arraial de São Romão, "para administrar justiça àqueles povos e se evitarem as desordens", o qual ministro poderia ainda servir de Intendente da capitação naquele distrito.[135]

A preocupação eminentemente política de tornar previsível o comportamento dos habitantes do Sertão fica patente na afirmação de Martinho Mendonça:

> O rendimento anual da capitação do Sertão se deve regular entre cinquenta e sessenta mil cruzados, o dos dízimos se há de aumentar consideravelmente pela facilidade da cobrança, mas estes interesses, julgo pouco considerável a vista do que resultam da obediência em que está um país que foi até agora habitado de régulos que não conheciam outra lei, que a da força...[136]

---

[135]CARTA do Rei de Portugal a Gomes Freire de Andrade de 3 de julho de 1738. Arquivo Público Mineiro. Seção Colonial. *Códice* SG 63, fl. 330.

[136]CARTA de Martinho de Mendonça para o Secretário de Estado, Antônio Guedes Pereira, de 17 de outubro de 1737. *Revista do Arquivo Público Mineiro. Op. cit.* p. 662.

Para a Coroa sempre foi muito difícil a sujeição dos povos das Minas Gerais. É o que veremos, na análise a seguir, a respeito dos conflitos referidos às formas políticas coloniais que eclodiram nas minas na primeira metade do século XVIII.

Sedição de 1736: um motim politicamente orientado?

Luciano Figueiredo, também um estudioso da Sedição, tratando da posição dos sertanejos contra a cobrança da capitação, afirma que a alteração da cobrança do quinto gerou a conflagração de ações políticas diretas – violentas – que dominaram toda a região. Segundo o autor, os furores sertanejos envolveram sempre rotinas violentas e grandes grupos populares, concentradas entre os meses de junho a setembro de 1736, aparecendo como "um monstro sem ordem nem obediência, assolando propriedades, redistribuindo bens, nomeando autoridades por eles legitimadas para as funções de governo".[137] Ou seja, trata-se, na percepção de Figueiredo, de ações politicamente orientadas dos sertanejos, de caráter antifiscal. Sua argumentação é baseada especialmente em um documento, que é uma paródia da oração Pai Nosso, e na força de um imaginário político desta malta.

A ideia de uma ação politicamente orientada, "uma atuação política marcante" também é defendida por Gefferson Ramos Rodrigues, baseado nos escritos de Rudé e de Thompson. Rodrigues critica os historiadores, e eu me incluo entre eles, que acreditam na violência desorientada dos pobres da região do São Francisco. Afirma que é uma posição preconceituosa que não leva em conta a análise dos historiadores sociais dos costumes.[138] A crítica me parece improcedente uma vez que na tipologia tratada em *Vassalos rebeldes* há lugar para os motins politicamente orientados, dentro das regras do jogo colonial. Contudo, uma atenção maior dada aos contextos de soberania fragmentada levaram-me a trabalhar com um constructo teórico diferente.

Nesse novo constructo, diferentemente do que tem sido dito sobre a Sedição de 1736, interessa-me discutir em um espaço específico – o sertão do São Francisco – como a quebra das formas acomodativas nessa área, que gera essa revolta, tem um impacto importante no volume da violência interpessoal. Isto é, numa região historicamente com uma baixa institucionalização

---

[137] FIGUEIREDO, Luciano. Furores sertanejos na América Portuguesa: rebelião e cultura política no sertão do São Francisco, Minas Gerais, 1736. *Revista Oceanos*, Lisboa, n. 40, p. 128-144, out.-dez. 1999. p. 129.

[138] RODRIGUES, Gefferson Ramos. *Op. cit.*

política,[139] o início da Sedição permitiu a generalização da violência, já endêmica naquela região. Hoje acredito que os atos de violência das camadas populares e a constituição de autoridades por elas em São Romão extrapolam a Sedição e são frutos da agudização de zonas de *non-droit*, ou seja, zonas nas quais a arbitrariedade era a regra, em que os direitos costumários e a justiça não eram reconhecidos pelos atores sociais, fossem autoridades, fossem vassalos, escravos ou forros. Foram essas zonas de *non-droit*, os espaços, por excelência, da exacerbação da violência.[140] Em síntese, o comportamento da turbamalta, para usar a categoria de Luciano Figueiredo, não faz parte de uma luta antifiscal ou é fruto de um imaginário político avesso às políticas metropolitanas, mas sim, uma exacerbação da violência interpessoal permitida pela quebra das formas acomodativas. Enfim, o somatório de uma baixa institucionalização política com a quebra de formas acomodativas propicia, acredita-se, a agudização da violência interpessoal.

Não obstante existam várias interpretações para a eclosão da violência ao longo da História, acredito que para analisá-la na Capitania de Minas Gerais durante o século XVIII, seja essa violência coletiva ou interpessoal, há de se relacionar esses atos transgressores com a ordem de ação política e a ordem de ação administrativa. Explicitando, a ordem de ação política – o poder – refere-se à formulação e execução de decisões de interesse da sociedade como um todo e expressa o confronto de grupos e indivíduos em competição e os resultados desse confronto. A ordem de ação administrativa – a autoridade – refere-se à organização e aplicação das decisões tomadas sobre os assuntos públicos. A administração – por meio da autoridade – exerce a mediação entre o Estado e a sociedade, podendo constituir-se, muitas vezes, em eficaz instrumento de poder político.

Enfim, há de se relacionar a violência em uma dupla via: com o baixo grau de institucionalização política presente em determinadas regiões, nas quais a violência interpessoal torna-se endêmica, e com o rompimento de determinadas convenções que instituíram um grau razoável de institucionalização política, resultando desse quadro as revoltas.

Entende-se aqui por institucionalização política nas Minas setecentistas o respeito às regras do jogo estabelecidas para a convivência entre os vassalos e as autoridades reais. E quais eram essas regras? É importante perceber que, até as últimas décadas do século XVIII, as relações entre os diversos atores sociais na América Portuguesa estavam pautadas por convenções,

---

[139]Ver ANASTASIA, Carla Maria Junho. *A geografia do crime: violência nas Minas setecentistas*. Belo Horizonte: Editora UFMG, 2005.

[140] *Ibidem*.

privilégios e limites colocados ao exercício do poder metropolitano, tanto quanto eram respeitados pelos vassalos os seus deveres para com a Coroa. Assim, era a força dos costumes e dos privilégios que informava a forma da interação/negociação entre vassalos e autoridades metropolitanas na América Portuguesa.[141] Os vassalos invocavam os deveres do Rei para com eles e os privilégios que lhes eram devidos enquanto comunidade e recorriam às estratégias de seu repertório de ação, entre elas a violência, para defendê--los. Se é usual afirmar que os vassalos da América Portuguesa várias vezes reagiram à exacerbação do poder metropolitano, é menos comum chamar a atenção para o fato de que os mesmos se beneficiaram com os limites colocados a esse poder. Essas eram as regras do jogo, que, em outra ocasião, chamei de formas acomodativas.

As formas acomodativas são um tipo de interação entre dominantes e dominados, caracterizada por uma resolução temporária dos conflitos que são, por princípio, inerentes a essa mesma interação. E essa possibilidade da acomodação derivou de acordos implícitos firmados a partir de obrigações mútuas que existiam entre atores coloniais e metropolitanos e de limites colocados ao poder do rei. A violência coletiva na América Portuguesa resultou sempre do colapso das formas acomodativas, ou reiterando, do rompimento de acordos implícitos delineados no quadro das relações metrópole-colônia a partir de limites e obrigações mútuas interpostos entre dominantes e dominados.

Como já foi dito, se, por um lado, um baixo grau de institucionalização política gerava a violência interpessoal, a quebra das regras do jogo previamente institucionalizadas no bojo da ordem de ação administrativa, facilitava as revoltas. Isto é, se os limites, pautados em uma determinada noção de direitos costumários – expressão usada por D. Rodrigo José de Menezes, Governador das Minas –, internalizada pelos vassalos, eram desrespeitados pelos prepostos do Rei, rompia-se a ordem e eclodiam as revoltas. A Coroa reconhecia a ameaça e respeitava os direitos por meio de convenções, engendrando a acomodação e impedindo a eclosão da violência.

No que se refere à violência interpessoal, havia certas regras de convivência entre os atores sociais pautadas pela ação da justiça e da sociabilidade construída na região mineradora. A autonomização da burocracia, explicitada na ausência/omissão/conflitos/iniquidade das autoridades, ou seja, uma ordem de ação administrativa geradora de um baixo grau de institucionalização política, impedia a vigência dessas regras de sociabilida-

[141] As análises seguintes foram apresentadas no Seminário História e Culturas Políticas promovido pelo Programa de Pós-Graduação em História da FAFICH/UFMG em novembro de 2001, tendo sido o texto integral publicado na revista *Varia Historia*. n. 28.

de entre os atores, generalizando a violência. Quanto maior a autonomia e/ou ausência das autoridades (ou seja menor a eficácia da ordem de ação administrativa) e, em consequência, menor o grau de institucionalização política, maior era a possibilidade da generalização de atos de violência nas Minas.

E por que, especificamente na região que se trata, a menor eficácia da ordem de ação administrativa – e portanto da possibilidade de acomodações – agudizava a violência interpessoal? Durante todo o setecentos, a violência interpessoal predominou no sertão do São Francisco. Dizia-se dessa área, parte integrante da Comarca do Rio das Velhas, que era lugar onde nunca havia se conhecido rei.

A grande extensão da Comarca do Rio das Velhas, que abrangia todo o sertão do São Francisco e os caminhos curraleiros por onde transitavam os rudes sertanejos, facilitava as ações dos régulos, dos salteadores, dos quilombolas. Essa extensão dilatada da comarca explica-se pelo fato de que a delimitação das jurisdições verificava-se na medida em que se estendia, na prática, a ação das autoridades até onde não entrassem, em tese, em conflito com a autoridade vizinha. A Vila Real de Sabará limitava-se ao sul com Vila Rica e a Vila do Ribeirão do Carmo (Mariana) e não teria outros limites a observar já que, não tendo sido criadas outras vilas, a sua autoridade estendia-se tanto ao norte como a oeste e a leste, até onde atingisse os limites da capitania. Nessa medida, ainda que, ao longo do setecentos, algumas outras vilas tenham sido criadas na comarca, mesmo assim a jurisdição da Vila Real de Sabará, sede da comarca, foi enorme.[142]

A inclusão nessa comarca do sertão do rio São Francisco,[143] localizado nos confins da Capitania, explicava-se pela indefinição de limites territoriais de cada jurisdição. A região, submetida administrativamente à Comarca do Rio das Velhas, ligava-se, porém, no que se referia à jurisdição eclesiástica, aos Bispados de Olinda e da Bahia, em razão da tardia criação do Bispado de Mariana.[144]

Além dessa indefinição de jurisdição, essa área, que não se vinculava ao circuito de exportação, gozava de grande fluidez administrativa e de uma

---

[142] Ver COSTA, Joaquim Ribeiro. *Toponímia de Minas Gerais*. Belo Horizonte: Imprensa Oficial, 1970. p. 80.

[143] A região noroeste da capitania, o sertão do São Francisco, compreendia os arraiais de São Romão, Manga, Brejo do Salgado (hoje Januária), Capela das Almas, Japoré (hoje Nhandutiba), Barra do Rio das Velhas (hoje Guaicuí), Montes Claros e outros conglomerados urbanos menores. Sobre o assunto ver: MATA-MACHADO, Bernardo. *História do sertão noroeste de Minas Gerais*. 1690-1930. Belo Horizonte: Imprensa Oficial, 1991. p. 11 *passim*.

[144] Em razão de o Bispado de Mariana ser criado, na Capitania de Minas Gerais, somente em 1745, a margem direita do rio São Francisco submetia-se à Vigaria Geral, com sede em Minas Novas, na Comarca do Serro Frio, e a margem esquerda ligava-se ao Vigário da Vara que regia a área pernambucana.

organização socioeconômica bem diferente das regiões mineradoras, não obstante existissem vínculos importantes entre elas. A ocupação do sertão do São Francisco não seguiu os pressupostos básicos da política metropolitana para as áreas de extração de ouro, ou seja, a montagem de um vasto aparato burocrático, tributário e fiscalizador. Somente após a criação do Arcebispado da Bahia, foram instaladas algumas poucas freguesias no sertão, nas quais era cobrado o imposto, meio civil, meio eclesiástico, do dízimo.

A Carta Régia de 20 de janeiro de 1699 representou o primeiro esforço para introduzir alguma ordem no sertão do rio São Francisco. Foram nomeados juízes, à semelhança dos juízes de vintena, e designados um capitão-mor e cabos de milícias para sustentarem as decisões judiciais.[145] A resistência à tentativa da metrópole de organizar a área não foi pequena e o sertão permaneceu nas mãos de régulos e seus prepostos.

Os moradores do sertão do São Francisco tinham ligações comerciais intensas não só com os centros mineradores da Capitania das Minas, mas também com Goiás e com a Bahia. Muito embora, as autoridades tenham tentado impedir o trânsito para Goiás, a descoberta do ouro e a reiterada abertura de picadas propiciavam e facilitavam o envio para aquela região de "não só de fazendas, mas também gados, com o interesse de extraírem os pagamentos em ouro sem pagarem os quintos que se deve a [Sua] Majestade".[146]

No que se refere ao trânsito do sertão do São Francisco para a Bahia, a tentativa das autoridades para evitar os descaminhos do ouro foi a de proibir, pelo caminho geral do sertão, todo e qualquer comércio, excetuando-se o do gado.

A endêmica violência interpessoal[147]

Os atos violentos grassavam naquela área desde os primeiros anos de sua ocupação. Sugeriam os habitantes daquela área que houvesse uma ação militar coordenada entre os governadores da Bahia, Minas Gerais e Goiás, numa operação em que tropas das três capitanias, "guardando-se o maior segredo, afim que esta diligência não [fosse] mal lograda, [caíssem] ao mesmo tempo sobre [os] facinorosos" e os prendessem, evitando-se "as consequências

[145] A estrutura militar nas Minas estava apoiada na tropa paga, regular ou de primeira linha; as tropas auxiliares, compostas por regimentos auxiliares que podiam ser de homens brancos, pardos ou negros e as ordenanças e milícias, formadas por paisanos armados ou tropas irregulares.

[146] Carta do Conde de Sarzedas de 15 de março de 1734. DOCUMENTOS Interessantes. *Apud* PINTO, Virgílio Noya. *O ouro brasileiro e o comércio anglo-português*. São Paulo: Nacional, 1979. p. 99.

[147] A análise que se segue está baseada em ANASTASIA, Carla Maria Junho. *A geografia do crime*. *Op. cit.*

funestas que se poderiam seguir de se errar este golpe". Temiam os habitantes do sertão, as represálias que poderiam advir de uma operação mal sucedida, em uma área onde a tirania dos malfeitores era a regra:

> esses sertões se acham contaminados de criminosos e revoltosos que as mesmas Justiças são causadoras que é pelas facilidades com que dentro em duas até três audiências os livra por agravo de injusta pronúncia; certo é em todas e qualquer matéria de crime e todos os dias há revoluções e desgraças e os que possuem alguns bens sempre se acham precavidos, e acautelados de agregados e aliados para a defesa de seus cabedais e os que saem em viagens sempre o fazem com cautela e precaução levando nestas para suas defesas pistolas, bacamartes e espingardas para se livrarem das revoluções dos transgressores...[148]

O Príncipe não ficou alheio ao desespero dos moradores do São Francisco. Ordenou ao vice-rei que fosse feita cuidadosa avaliação da conveniência de enviar juízes de fora para o sertão ou de outras possibilidades que levassem os habitantes da região a gozarem "da tranqüilidade e segurança que Sua Majestade quer preservar a todos os seus vassalos".[149]

Em 1798, entretanto, os desmandos continuavam. As ligações históricas dessa região com a Bahia, que facilitavam o trânsito de criminosos, dos sertões das comarcas do Rio das Velhas e do Serro Frio para a da Jacobina, levava o ouvidor geral corregedor dessa última, Florêncio José de Morais Cid, a pedir auxílio ao governo da Bahia. Segundo o ouvidor, somente o Governador "no verdadeiro espírito das ordens de Sua Majestade [seria capaz de] expurgar a República dos homens que separados da sociedade pelos seus delitos são a peste daquela, e o flagelo da Humanidade".[150] Narrava Florêncio Cid os acontecimentos temerários que se observavam no Rio São Francisco "de uma e outra parte": "vadios, ladrões e criminosos fazem uma terceira parte dos seus habitantes; e na revista dos cartórios não [se acha] mais que os monumentos das suas desordens".[151] De acordo com o ouvidor da Jacobina, a ocupação ordinária daqueles facinorosos eram mortes, roubos, assassínios e toda sorte de insultos que impunemente cometiam, sem que fosse possível tomar providências eficazes

> em um país aberto sem oficiais de justiça capazes, sem tropa, e aonde as ordenanças não servem de outra coisa [além] de oprimirem os povos

---

[148]Arquivo Público Mineiro. SC. SG. Caixa 29. Doc. 5; 1795.

[149]Arquivo Público Mineiro. SC. SG. Caixa 34, Doc. 59, 1797.

[150]Arquivo Público Mineiro. SC. SG. Caixa 41, Doc. 07, 1798.

[151]*Ibidem*.

> para a satisfação de suas paixões, inertes sempre que se trata de servir a sua Majestade.[152]

Continua o ouvidor relatando os desatinos dos malfeitores, num rol interminável, e que

> não acabaria se houvesse de expressar os horrores, que de toda parte [lhe] retumbam nos ouvidos, que fazem gemer a Natureza, e temer por um país, onde se desconhecem o respeito à Justiça e subordinação às Leis da Soberana.

O ouvidor da Jacobina confiava na disposição do Príncipe

> de restituir aos povos [daqueles] sertões a tranqüilidade, que lhe afiançam a Sua Proteção [...] fazendo cumulativa a jurisdição para a captura dos facinorosos, que lha tem tão escandalosamente perturbada.[153]

O discurso de Florêncio Cid e o do ouvidor da Comarca de Ilhéus remetem à ausência das autoridades e à iniquidade dos juízes ordinários no sertão do São Francisco e ao desrespeito pela justiça, o que propiciava a constituição de uma zona de *non-droit* e à esperança, pelo menos no caso de Florêncio Cid, que a introdução de outros ministros do rei naquelas paragens pudessem trazer alguma ordem á região.

A situação dessas paragens fica explícita em carta enviada, em 1769, ao Conde de Valadares por Manoel Jacome Soeiro que afirmava "no sertão ser tão frequentes as mortes e insultos que [pareciam esquecer] os homens da sua racional natureza", executando naquelas terras indômitas "toda a qualidade de delitos sem o menor receio que os obrigue a depor a sua crueldade".

Segundo Soeiro, a população do São Francisco esperava, "para terror destes malévolos, [que] sua inata piedade [colocasse fim] a tanto dano". Sugeria que fosse deslocado para são Romão um destacamento de Dragões, assim como se fizera em Barra do Rio das Velhas, sossegando "os distúrbios que por lá a cada passo sucedem e também para evitarem o extravio do ouro pelo rio de São Francisco Abaixo".[154]

Se a violência era generalizada na Capitania, o mandonismo bandoleiro se manifestou de forma mais intensa em toda a Comarca do Rio das

---

[152] *Ibidem*.

[153] *Ibidem*. O ouvidor referia-se ao bando dos Virasaias que agia tanto na Bahia quanto no julgado de São Romão e que, na década de 1780, frequentava a serra de Santo Antônio de Itacambiruçú.

[154] CARTA de Manoel Jacome Soeiro de 7 de fevereiro de 1769. Arquivo Conde de Valadares (Biblioteca Nacional, Seção de Manuscritos). *Apud* AMARANTINO, Márcia. O sertão oeste em Minas Gerais: um espaço rebelde. *Varia Historia*. 29 (2003). p. 96.

Velhas ao longo do século XVIII, em 1736, quando Martinho de Mendonça, Governador interino da Capitania das Minas, se viu impotente para controlar o sertão do São Francisco, na Comarca do rio das Velhas, "um país [...] habitado por régulos que não conheciam outra lei que a da força".[155]

Talvez, o temor da governança local tenha impedido que fosse acatada a sugestão do ouvidor-geral da Comarca do Rio das Velhas, apresentada em 1714, de que se criasse uma ouvidoria no rio São Francisco. Esse novo órgão deveria abranger a região situada entre a Barra do Rio das Velhas e a cidade de Penedo, o que seria um distrito de "mais de quatrocentas léguas", necessário por ser esse rio "um receptáculo de facinorosos de toda a América e pela sua grandeza capaz de assistir nele um ministro". A sede da nova ouvidoria deveria ser o Arraial de Matias Cardoso, tão logo fosse elevado à vila.[156]

A riqueza de grandes proprietários da região, aliada à ausência de autoridades naquela área, à exceção do juiz de órfãos de São Romão e alguns poucos juízes de vintena, permitiu a consolidação de territórios de mando dos potentados e trouxe, consequentemente, a dificuldade para se controlar o poder desses patronos e a violência derivados da baixa institucionalização política na área.

Desde as primeiras décadas do século XVIII, os sertões do Rio das Velhas foram ocupados por homens poderosos, patronos de bandos armados, que haviam constituído sólidos territórios de mando. No geral, eram protegidos pelas autoridades locais, que os temiam e agiam de acordo com os seus preceitos. D. Pedro de Almeida informava ao Rei que os "juízes como naturais da terra [...] sacrificam a sua consciência no altar do seu receio". Afirmava o Governador que vinha agindo com severidade dando "algumas esporadas fortes aos ditos juízes para ao menos enquanto dura a lembrança, [fizessem] a sua obrigação conforme Deus e a Lei mandam".[157]

Os distúrbios no sertão do são Francisco foram precoces. Lá, potentados, autoridades, eclesiásticos, o povo miúdo desde logo criaram problemas para o governo das Minas, sempre usando a desculpa de prestarem contas ao governo da Bahia. Além disso, apesar da criação de redes de solidariedade, as relações entre esses atores sociais nem sempre foram cordiais.

---

[155] CARTA de Martinho de Mendonça para o Secretário de Estado, Antônio Guedes Pereira, de 17 de outubro de 1937. Motins do Sertão. *Revista do Arquivo Público Mineiro*. p. 662.

[156] CARTA Régia ao vice-rei do Brasil em que se pede informação... 17/11/1714. Arquivo Público do Estado da Bahia. *Apud* SANTOS, Márcio Roberto Alves dos. *Bandeirantes paulistas no sertão do São Francisco e do Verde Grande: 1688-1732*. 2004. Dissertação (Mestrado em História) – FAFICH, UFMG, Belo Horizonte, 2004.

[157] CARTA de D. Pedro de Almeida ao rei de Portugal de 20 de outubro de 1719. Arquivo Público Mineiro. SC. SG. Códice 11. fls. 157v a 159v.

A força dos potentados no sertão do São Francisco, assim como em outras regiões da capitania, consolidou-se em função da própria política metropolitana, que acreditava que se esses homens poderosos "[abusavam] de seu poder, em outras [eram] muitos essenciais ao mesmo serviço de Nosso Rei" na medida em que serviam aos governadores, ajudando-o na cobrança dos quintos, na repressão de revoltosos da arraia miúda, na captura de criminosos.[158] Como afirmou Russell-Wood, as autoridades reconheciam que "o sertão do Brasil estava fora do alcance do braço da lei, das companhias militares, dos coletores de impostos e dos servidores de Cristo e de Sua Majestade" e, portanto, os potentados, como por exemplo Manuel Nunes Viana, poderiam, em razão do respeito ou do medo que causavam, trazer alguma estabilidade "à região turbulenta. O dilema do rei era bem expresso pelo provérbio: Quem não tem cão, caça com gato".[159]

Mas gato não é cão e, uma vez investidos de autoridade, esses potentados acabaram por constituir seus territórios de mando, instituindo redes de solidariedade com membros da burocracia autonomizada, criando, muitas vezes, contextos de soberania fragmentada,[160] como foi o caso de Nunes Viana que, segundo D. Pedro de Almeida pretendia

> governar como senhor despótico a parte do país que está até a Barra do Rio das Velhas, tirando e dando fazendas a quem lhe parecesse e administrando uma justiça injuriosa à Sua Majestade, sem mais título do que o da sua vontade e do seu querer.[161]

O sertão do São Francisco continuou povoado por homens poderosos, com sólidos territórios de mando, como Domingos do Prado Oliveira, de Urucuia, proprietário de 500 arcos e de muitos escravos; José de Queirós, Luís de Siqueira e D. Miguel de Souza, de Jequitaí; Pedro Cardoso, filho de D. Maria da Cruz, sobrinho de Domingos do Prado Oliveira, que possuía extensa fazenda de gado, além de se ocupar do comércio do sal, ferragens e gêneros da Bahia. Pedro Cardoso era considerado um dos principais potentados do noroeste de Minas e possuidor de fortuna incalculável.

---

[158] CARTA de D. Pedro de Almeida para o Marquês de Angeja de 30 de dezembro de 1717. Arquivo Público Mineiro. SC. SG. Códice 11. Fls. 8-9.

[159] RUSELL-WOOD, A . J. R. Identidade, etnia e autoridade nas Minas Gerais do século XVII: leituras do Códice Costa Matoso. *Varia Historia*, Belo Horizonte, n. 21, 1999.

[160] Nos contextos de soberania fragmentada, atores coloniais acumularam recursos de poder suficiente para enfrentar, com relativa eficácia, a ordem pública, "fragmentando" a soberania metropolitana sobre a região, em princípio absoluta. Ver ANASTASIA, Carla Maria Junho. *Vassalos rebeldes*. *Op. cit.* p. 24.

[161] CARTA de D. Pedro de Almeida para o Ouvidor Geral da Comarca do Rio das Velhas de 27 de setembro de 1718. Arquivo Público Mineiro. SC. SG. Códice 11. Fls. 55-56.

A Sedição de 1736 e as camadas populares

Em 1736, eclodiu no sertão do São Francisco uma série de motins contra a cobrança da taxa de capitação, sistema de cobrança do quinto que consistia em um imposto *per capita*, isto é, no pagamento anual de uma quantia fixa, calculada em oitavas de ouro sobre cada escravo empregado nas diversas atividades econômicas da capitania. Os moradores do sertão que não haviam, até então, sido tributados, à exceção do dízimo da Ordem de Cristo, levantaram-se contra a cobrança do novo imposto. Esses motins foram liderados pelos grandes potentados do sertão que, com a quebra das formas acomodativas, não conseguiram, ao longo do processo, controlar as camadas mais baixas da população. Com o rompimento da acomodação, os patronos, que controlavam os bandos armados e os facinorosos, perderam temporariamente seu poder uma vez que, com a rebelião, deixam seus territórios de mando em segundo lugar.

As autoridades designadas para controlar os motins com muita perspicácia afirmavam que nenhum interesse podiam ter contra a capitação os mamelucos, vadios e pescadores que sequer possuíam escravos. Por isso mesmo, Sua Majestade manifestou uma piedade natural para com os pardos e mamelucos rústicos, criados no sertão, aonde nunca viram prática, nem execução, nem obediência ou respeito algum a ordens do Governo ou dos Ministros.

Os motins do sertão explicitam a ampliação dessas zonas de *non-droit*, onde a exacerbação da violência era a regra, independente do eclodir da revolta. As camadas mais baixas constituíram um general das armas, um marechal de campo, um juiz do povo e um secretário de governo, postos preenchidos por mamelucos, cabras e forros. Exerciam esses homens o mandonismo bandoleiro, em razão da quebra da instável acomodação com a metrópole acordada com os potentados.

Maria Verônica Campos afirma que o discurso da violência das camadas populares repete em 1736 o que fora proferido em 1720, quando da Sedição de Vila Rica.[162] Por suposto, a quebra das formas acomodativas geraria um colapso na institucionalização política com uma generalizada crise da ordem de ação administrativa. Se no sertão tal fato se comprova, essa é uma hipótese a ser verificada em áreas de razoável institucionalização política, como no caso de Vila Rica.

---

[162] CAMPOS, Maria Veronica. *Governo de mineiros: "de como meter as Minas numa moenda e beber-lhe o caldo dourado", 1693 a 1737*. 2002. Tese (Doutorado em História) – FFLCH, USP, 2002.

D. Maria da Cruz e a Sedição de 1736

A partir de 1737, as vozes sediciosas do sertão silenciaram. Segundo correspondência enviada ao Governador pelo coronel Barbosa e Sá, o "rio de São Francisco já não [era] Castela nem Paraíso, porque os demônios dos dragões das Minas ocorreram todos, e [fizeram] vários presos [no] Salgado, confiscaram fazendas e os que eram abaetés ou onças [transformaram-se em] cordeiros".[163]

Se, até dezembro de 1736, a Martinho de Mendonça ainda restasse qualquer dúvida quanto aos cabeças do levante, levando-o a escrever "que de Matias Cardoso tinha boa informação, [e que] seu irmão ainda que veio nos levantes, consta que veio forçado, e não tem culpa disso mais que alguma omissão, que fora geral a todos, mais ainda que fora culpado e pronunciado prendendo os cúmplices, qualquer dos culpados goza do indulto que a Ordenação concede no L° 5°, Titulo 116, o que se lhe perdoam quaisquer crimes ainda que tenham parte", convencera-se de que Pedro estava entre os principais. Convencera-se também, da culpa de D. Maria, que de "testemunha [que] devia ser perguntada sobre um referimento importante [...]", que trazia a devassa agora, passava a ré.[164]

Assim, quatro dos principais implicados nos motins do São Francisco, escoltados por 12 dragões, sob o comando do alferes Henrique Carlos, deixaram São Romão em 8 de setembro. Entre eles, D. Maria da Cruz, presa no Brejo do Salgado, e Pedro Cardoso do Prado, preso nas suas fazendas do Urucuia.[165]

---

163 CARTA do coronel José Correia Barbosa e Sá ao Governador. Vila Rica, 6 de março de 1737. IAN/TT.PT-TT-MSBR/4. Manuscritos do Brasil, Livro 4, fl. 35.

164 CARTA de Martinho de Mendonça de Pina e de Proença a André Moreira de Carvalho. Vila Rica. 15 de dezembro de 1736. IAN/TT/PT-TTMSBR/6-Manuscritos do Brasil. Livro 6, imagem m0522-m0523.

165 RELAÇÃO dos presos que conduz o alferes dos Dragões Henrique Carlos a ordem do Sr. Governador Martinho de Mendonça de Pina e Proença. Simão da Cunha Pereira. São Romão, 8 de setembro de 1737.IAN/TT.PT-TT-MSBR/1. Manuscritos do Brasil. Livro 1, fl. 71.

O ardil usado pelo Governador interino da capitania, Martinho de Mendonça de Pina e de Proença surtiu, em parte, o resultado esperado, uma vez que o cunhado de D. Maria, o familiar do Santo Ofício, Domingos do Prado de Oliveira[166] conseguira escapar "duas horas antes de lhe chegarem à porta" fugindo rio abaixo para a jurisdição do governo de Pernambuco.[167]

De acordo com carta de Martinho de Mendonça, enquanto que a culpa de D. Maria da Cruz "não esta tão manifestadamente provada",[168] após examinados os primeiros autos era "tão claro como a luz do dia" a culpa de Domingos do Prado e de seu sobrinho, Pedro Cardoso.[169] Nessa correspondência informa, ainda, que "todos possuem largas fazendas de gado, e os sequestros ainda retirado o que se pode retirar importará em duzentos mil cruzados".[170]

Pronunciados na devassa anterior,[171] nenhuma diligência se fizera para prendê-los, pelas dificuldades de penetrar no sertão, por causa das chuvas, das inundações e das pestes que assolavam o São Francisco.[172] Segundo o Governador interino, "arde aquele país em malignas", padecendo seus habitantes de "três castigos, guerra, que se lhe fizeram os levantados; peste na grande mortandade e, fome na total falta dos mandiocais; estas e outras considerações, me faziam suspender as diligências daquelas partes."[173] Mesmo assim, para efetuar-se a prisão desses réus "todas as disposições que se fizera para prende-los [foram conservadas] no mais apertado segredo, e se assim não o fosse seria impossível executar-se a prisão".[174] Ainda que

---

[166] HABILITAÇÃO do Santo Ofício. IAN/TT.PT/TT/TSO-CG/A/008-001/6814; Letra D, Maço 22, Processo 435. Domingos do Prado de Oliveira.

[167] CARTA comunicando as prisões de D. Maria e Pedro Cardoso e relatando a fuga de Domingos do Prado. S/D. IAN/TT.PT-TT-MSBR/4. Manuscritos do Brasil. Livro 4, fl. 181.

[168] CARTA de Martinho de Mendonça para o Governador. Vila Rica, 12 de dezembro de 1736.IAN/TT.PT-TT-MSBR/3. Manuscritos do Brasil. Livro 3, fl. 210.

[169] CARTA de Martinho de Mendonça para o Governador. Vila Rica,12 de dezembro de 1736. IANTT.PT-TT-MSBR/3.Manuscritos do Brasil. Livro 3, fl. 210.

[170] CARTA de Martinho de Mendonça para o Governador. Vila Rica,12 de dezembro de 1736. IAN/TT. PT-TT-MSBR/3. Manuscritos do Brasil. Livro 3, fl. 210.

[171] CARTA ao conde das Galvêas. Vila Rica, 18 de outubro de 1737. IAN/TT.PT-TT-MSBR/3. Manuscritos do Brasil. Livro 3, fl. 323-324.

[172] INSTRUÇÃO de Martinho de Mendonça ao doutor Manoel Dias Torres, intendente da Fazenda Real da Comarca do Sabará sobre os três principais cabeças dos motins do sertão e prevenções para a prisão deles. Arquivo Público Mineiro. SC.61, fl. 60-61. Vila Rica, 1 de maio de 1737.

[173] CARTA de Martinho de Mendonça para o governador e capitão general do Rio de Janeiro e Minas, Gomes Freire de Andrade. Vila Rica,[ ]maio de 1737. IAN/TT. PT-TT-MSBR/3. Manuscritos do Brasil. Livro 3, fl. 259.

[174] CARTA de Martinho de Mendonça. S/D. IAN/TT.PT-TT-MSBR/4. Manuscritos do Brasil. Livro 4, fl.158.

seguisse a máxima de que "ninguém guarda perfeitamente segredo como quem o não sabe",[175] a trama foi partilhada com o novo intendente da Fazenda Real da Comarca do Sabará, enviado "ao sertão com pretexto de por em arrecadação os bens sequestrados de outros réus".[176] Mas, "além da Esquadra de Dragões que acompanhou o [intendente]", deslocou-se para a região "uma com o alferes Henrique Carlos de Souza [e] outra que saiu do Serro do Frio com um cabo de Esquadra que todos se ajuntaram em número de trinta no Arraial de São Romão".[177]

Coube ao Dr. Manoel Dias Torres dirigir-se à casa de D. Maria da Cruz, sob o pretexto de interrogar Cláudia Soares, testemunha arrolada na devassa anterior e que mantinha um relacionamento íntimo com Teodósio Duarte, feitor-geral da Fazenda do Capão e que fora nomeado general das armas dos amotinados por Pedro Cardoso.[178] Ali, o intendente convenceu D. Maria a acompanhá-lo a São Romão, onde se encontravam os autos, para que ela e Pedro Cardoso elucidassem pontos ainda obscuros da devassa e, desta forma, provassem sua inocência e a de seus amigos.[179] Na manhã seguinte, uma canoa subiu o São Francisco rumo a São Romão, onde o intendente desembarcou, e D. Maria, Pedro, José Alvares e Custódio Brandão seguiram viagem em direção ao rio das Velhas.[180]

Já não se podia mais ocultar que o destino final das pessoas "mais poderosas e aparentadas do Brasil"[181] era a cadeia de Vila Rica.

---

[175] INSTRUÇÃO de Martinho de Mendonça ao doutor Manoel Dias Torres, intendente da Fazenda Real da Comarca do Sabará sobre os três principais cabeças dos motins do sertão e prevenções para a prisão deles. Arquivo Público Mineiro. SC.61, fl. 60-61. Vila Rica, 1 de maio de 1737.

[175] CARTA de Martinho de Mendonça para o secretário de Estado Antônio Guedes. Vila Rica, 17 de outubro de 1737. *Revista do Arquivo Público Mineiro*, ano 1, n. 4, out.-dez. 1896, p. 661.

[176] CARTA de Martinho de Mendonça para o secretário de Estado Antônio Guedes. Vila Rica, 17 de outubro de 1737. *Revista do Arquivo Público Mineiro*, ano 1, n. 4, out.-dez. 1896, p. 661.

[177] CARTA de Martinho de Mendonça. S/D. IAN/TT. PT-TT-MSBR/4. Manuscritos do Brasil. Livro 4, fl. 158v.

[178] INSTRUÇÃO para o Doutor Manoel Dias Torres, intendente da Fazenda Real da Comarca do Sabará sobre os três principais cabeças dos motins do sertão e prevenção para a prisão deles. Vila Rica, 1 de maio de 1737. Arquivo Público Mineiro-SC. 61, fl. 60-62.

[179] Diogo de Vasconcelos. *História Média das Minas Gerais*. p. 112.

[180] CARTA de Simão da Cunha para o Governador com a relação dos presos que conduz para Sabará o alferes dos dragões, Henrique Carlos. São Romão, 8 de setembro de 1737. IAN/TT.PT-TT-MSBR/1. Manuscritos do Brasil. Livro 1, fl. 71.

[181] CARDOSO, Aparecido Pereira; SOARES, Naasson Ribeiro. *Descaminhos e fronteiras: rotas, roteiros e elites no sertão das Minas Gerais*. Pará de Minas: Virtual Books, 2011. De acordo

Gabando-se dessa diligência, Dias Torres escreve a Martinho de Mendonça dando conta de que "fiz o que outro duvido fizesse [...] e fui aonde nunca se cuidou só com 16 soldados, mas com mais de oitenta paisanos, que juntos sem se saber senão quantos meti nas canoas e disso é a maior queixa que formam os comandantes a quem mandei tirar dali para as canoas que tanto sabiam do que eu queria fazer e essa é a raiva que me tem". Afirma que após as prisões de "Pedro Cardoso, Maria da Cruz e os mais [...] tem Vossa Senhoria o sertão na maior obediência e medo". Justifica ainda que a fuga de Domingos do Prado se dera "por culpa total do Juiz dos Órfãos não fazer o que lhe ordenei", fingindo-se de doente "sem o estar" e que, se os soldados "não fizessem tanto tropel ao desembarcar com suas botas", Prado talvez não tivesse fugido "em camisa e ceroulas".[182]

Após longa jornada por água e por terra os sediciosos foram encarcerados na cadeia de Vila Rica. Ali, o juiz ordinário foi instruído a averiguar "correspondências sediciosas" entre Francisca Machado de Oliveira[183] – acusada de ter fabricado em sua casa moeda falsa[184] – e Maria da Cruz; mas, não se descobriu "mais que suspeitas incertas".[185]

O que se conseguira provar, até então, era que D. Maria fora a casa do principal "motor das inquietações do Brejo do Salgado", o ferreiro "Francisco de Souza, seu paisano, para escreverem carta a Prado quando havia de ir o primeiro levante".[186] Assim, Martinho de Mendonça achou por bem não enviar os prisioneiros imediatamente para o Rio de Janeiro já que "poderia ser necessário repetir- lhes as perguntas e confrontar alguns dos

---

com esses autores, "a rede de relacionamentos na qual se inseria a família de Maria da Cruz articulava desembargadores e ouvidores do Tribunal da Relação da Bahia, passando pelo governo de São Tomé, até alcançar Lisboa, onde o padrasto de Alexandre Gomes, seu genro, foi desembargador da Casa de Suplicação". p. 171.

182 CARTA de Manoel Dias Torres para Martinho de Mendonça. São Romão. 6 de setembro de 1737. IAN/TT.PT.TT-MSBR/13, manuscritos do Brasil. Livro 13, imagem m0487-0488.

183 CARTA ao Sr. Governador e capitão general do Rio de Janeiro e Minas, e São Paulo. Vila Rica, 1 de novembro de 1737. IAN/TT.PT-TT-MSBR/3. Manuscritos do Brasil. Livro 3, fl. 337.

184 CARTA ao secretário de governo Antônio de Souza Machado. Vila Rica, 3 de setembro de 1737. Arquivo Público Mineiro. SC. 56, fl. 73v e 74.

185 CARTA de Martinho de Mendonça de Pina e de Proença para o senhor Governador e capitão general do Rio, e Minas, e São Paulo. Vila Rica, 1 de novembro de 1737. Arquivo Público Mineiro. SC. 61, fl. 19v.

186 INSTRUÇÃO para o Doutor Manoel Dias Torres, Intendente da Fazenda Real da Comarca do Sabará, sobre os três principais cabeças dos motins do sertão e prevenção para a prisão deles. Vila Rica, 1 de maio de 1737. Arquivo Público Mineiro-SC.61, fl. 60-62. IAN/TT/TT/PT-TT-MSBR/3. Manuscritos do Brasil. Livro 3, fl.334-334v.

réus".[187] Entretanto, por temer a fuga de Maria da Cruz e de seu filho, que "pela devassa e perguntas está em termos de se lhe fazerem os autos sumários e ser, condenado a morte dentro em cinco dias, e sendo tão aparentado e tão mal segura a cadeia [de Vila Rica] o remeto com sua mãe Maria da Cruz culpada no mesmo delito",[188] para o Rio de Janeiro.[189] O Governador referia--se aos genros de D. Maria e esclarecia que Alexandre era um dos homens mais poderosos do sertão enquanto que Domingos era irmão do vigário-geral do Arcebispado da Bahia,[190] Francisco Martins Pereira, provido nesse cargo em 1736, que na Sé era, ainda, comissário do Santo Ofício, cônego penitenciário, desembargador e chanceler eclesiástico.[191] Assim, em de outubro de 1737, enviou os prisioneiros para uma fortaleza no Rio de Janeiro,[192] recomendando a Gomes Freire de Andrade, para que ele "os [mandasse] guardar na prisão mais segura até que Sua Majestade lhes [nomeasse] juízes para a sentença."[193] Na véspera instruiu o tesoureiro dos bens sequestrados que destinasse trimestralmente a alimentação dos dois prisioneiros 125 mil réis, retirados dos próprios bens confiscados.[194] Em correspondência de setembro do mesmo ano, Manuel Dias Torres comunicara ao Governador que já havia "executado a diligência das arrematações dos sequestros feitos o ano passado

[187] CARTA de Martinho de Mendonça ao Dr. Manoel Dias Torres parabenizando o Intendente pelo sucesso da sua jornada, prisão e sequestros das cabeças dos motins. Vila Rica, 30 de setembro de 1737. IAN/TT.PT-TT-MSBR/4. Manuscritos do Brasil. Livro 4, fl. 166.

[188] CARTA de Martinho de Mendonça ao capitão general do Rio e Minas. Vila Rica, 15 de outubro de 1737. IAN/TT.PT-TT-MSBR/3. Manuscritos do Brasil. Livro 3, fl. 319.

[189] CARTA de Martinho de Mendonça. S/D.IAN/TT.PT-TT-MSBR/4. Manuscritos do Brasil. Livro 4, fl.159.

[190] CARTA ao governador e capitão general do Rio e Minas. Vila Rica, 17 de outubro de 1737. IAN/TT.PT-TT-MSBR/3. Manuscritos do Brasil. Livro 3, fl. 320v.

[191] REQUERIMENTO do vigário-geral do Arcebispado da Bahia a D. João V, solicitando alvará de mantimentos do qual foi provido na serventia de arcediago da Sé da cidade da Bahia. Salvador, setembro de 1738. AHU-Bahia, cx. 66, doc. 67 ou AHU-Bahia, cx. 63, D-5328. Ressalva: há um equívoco no nome transcrito na ementa desses documentos, o que se pode comprovar nas folhas nas quais o nome de Francisco Martins Pereira aparece sem abreviatura; REQUERIMENTO do vigário-geral do Arcebispado da Bahia, Francisco Martins Pereira ao rei D. JoãoV. solicitando carta tuitiva para poder servir de presidente da Relação Eclesiástica, provisor vigário-geral e juiz das justificações de genere. Cidade da Bahia. 27 de novembro de 1737. AHU-Bahia, cx. 63, doc. 11 ou AHU-ACL-CU-005, cx. 60, D.5099.

[192] IAN/TT.PT-TT-MSBR/4 Manuscritos do Brasil, Livro 4, fl. 159.

[193] CARTA de Martinho de Mendonça para Gomes Freire de Andrade. Vila Rica, 15 de outubro de 1737. IAN/TT.PT-TT-MSBR/3. Manuscritos do Brasil. Livro 3, fl. 319.

[194] INSTRUCÃO de Martinho de Mendonça de Pina e de Proença para Antônio Coelho de Barros, tesoureiro dos bens sequestrados. Vila Rica, 16 de outubro de 1737. IAN/TT.PT-TT-MSBR/4. Manuscritos do Brasil. Livro 4, fl. 198.

vendendo por seu justo preço os bens a pessoas que me parecem seguras," e que com a prisão dos "cabeças dos levantes [fizera] a todos sequestros em seus bens que fico pondo em arrecadação."[195]

Em janeiro de 1738, o conde das Galvêas, atendendo a uma representação de alguns habitantes do sertão, solicita a Martinho de Mendonça, "que a mulher que se remeteu presa para o Rio de Janeiro se ponha em local mais decente sem prejuízo da segurança que deve ter".[196] Contudo, os sediciosos não permaneceram no Rio de Janeiro. De acordo com determinação real de 11 de abril de 1738, de que "os réus se remeterão com os processos para a Relação da Bahia"[197] para lá foram enviados, em setembro daquele ano, os quatorze presos envolvidos no levante do sertão.

A situação de D. Maria assim como dos demais prisioneiros que tiveram os bens sequestrados era de penúria. Na penúria também ficaram algumas das esposas dos demais réus. Em carta enviada ao Governador, Domingos Ferreira pede a Martinho de Mendonça "que ponha os olhos de piedade nestas pobrezas" por não terem essas mulheres culpa do que fizeram seus maridos e solicita "que mande dar a meação das mulheres dos criminosos [—] pois estão morrendo de fome e é uma miséria que é, a mulher do coronel João da Cunha e juntamente a mulher de Pedro Cardoso".[198] Mesmo que Martinho de Mendonça afirmasse que D. João V fosse "servido declarar o modo porque se hão de processar os delinquentes", a recomendação do Governador interino era a de que após o julgamento na Relação, os sentenciados fossem "castigados nos lugares aonde delinquiram para com mais eficácia servirem de exemplo".[199]

Contudo, sobre Pedro Cardoso e sua mãe recaiu a pena de degredo, assim como sobre pelo menos um dos sediciosos, João da Cunha Vasconcelos.[200]

---

[195] CARTA de Manoel Dias Torres para o Governador. São Romão. 7 de setembro de 1737. IAN/TT.PT-TT-MSBR/13. Manuscritos do Brasil. Livro 13, imagem m0495.

[196] CARTA do conde das Galvêas a Martinho de Mendonça sobre uma representação de alguns habitantes do sertão para que a mulher que se remeteu presa seja colocada em prisão mais decente. Bahia, 9 de janeiro de 1738. IAN/TT.PT-TT-MSBR/7. Manuscritos do Brasil. Livro 7, fl. 53

[197] ORDEM régia. Carta de D. João V a Gomes Freire de Andrade ordenando o envio dos réus e dos processos para a Relação da Bahia. Lisboa, 11 de abril de 1738. Arquivo Público Mineiro.SC.63, fl. 147.

[198] CARTA de Domingos Martins Ferreira ao Governador. São Romão, 6 de setembro de 173[?]. IAN/TT.PT-TT-MSBR/10. Manuscritos do Brasil. Livro 10, fl. 173-174.

[199] CARTA de Martinho de Mendonça ao rei. Vila Rica, 13 de dezembro de 1736. RAPM. Ano 1, fascículo 4, out/ dez. 1896, p. 653.

[200] CARTA de João da Cunha Vasconcelos ao rei, na qual, dizendo-se inocentemente punido, solicita comutação de sua pena de degredo por toda vida para Benguela. AHU-Bahia, cx.77, doc.57/ AHU-ACL. CU-005, Cx.72, D.6086. CD-ROM n. 9/27.

Foi o que aconteceu com Pedro Cardoso um "dos principais de sua terra" e que, de acordo com o conde das Galvêas, tinha pouca culpa nos motins, já que mesmo desterrado reconstruiu sua vida. Em Moçambique, foi persuadido pelo vice-rei da Índia de que nas áreas dos rios de Sena, podia exercer "as lavouras de açúcar, tabaco e ouro", sendo nomeado pelo marques de Louriçal capitão–mor do Zimbaboe.[201] Ao que tudo indica, manteve correspondência regular com sua família até meados de 1751, época em que Antônio Gomes Ferrão Castelo Branco se queixa que "da Índia, há duas monções que não temos cartas de meu tio".[202] Em abril do ano seguinte, esse sobrinho "dava parte [a] todos os parentes da morte do padre frei Manoel da Madre de Deus e, de supor que na Índia era morto meu tio Pedro Cardoso".[203]

D. Maria da Cruz – sentenciada a pagar cem mil réis para as despesas da Relação, condenada a seis anos de desterro na África e proibida de retornar ao Sítio das Pedras – teve sua pena comutada em 9 de abril de 1739.[204]

Após o pedido de "graça no santo tempo das Endoenças [e] de ter pago mais quarenta mil réis para as despesas" , atendendo a "um passo dado pelo Conde das Galvêas, vice rei e capitão general de mar e terra [do Brasil] e pelos digníssimos doutores [---] chanceler da Relação e do ouvidor geral do crime", D. João V concedeu-lhe o indulto real.[205]

Quanto ao que aconteceu após sua prisão tem-se alguns indícios.

Com os bens sequestrados e proibida de retornar ao Sítio das Pedras, em sua solicitação de clemência real, D. Maria provavelmente relatou que nas Minas chegou a viver de esmolas, no Rio de Janeiro foi socorrida pelo bispo, e, em Salvador precisou ser assistida por seu genro, Domingos Pereira.[206] Após "padecer" muitos trabalhos "na rigorosa e dilatada prisão", nos anos subsequentes à sua condenação, provavelmente, residiu no termo

---

201 CARTA de Marco Antônio de Azevedo Coutinho a Gomes Freire de Andrade. Sobre mandar alguns paulistas ou mineiros a trabalhar nas minas da Índia. Lisboa, 5 de abril de 1743. Arquivo Público Mineiro. SC.82,fls.116v – 117.

202 BORRADOR, fl.21.

203 Borrador, fl.38.

204 ALVARÁ de Perdão concedido a D. Maria da Cruz. Salvador, 1739. *In*: FAGUNDES, Giselle; MARTINS, Nahílson. *Alvará de perdão concedido a dona Maria da Cruz, viúva*. Montes Claros: Vereda, 2006. p. 59.

205 ALVARÁ de Perdão concedido a D. Maria da Cruz. Aqui utilizamos a transcrição de Sonia Maria Gonçalves, a partir do original depositado no Arquivo Público do Estado da Bahia. Seção do Arquivo Colonial e Provincial. Tribunal da Relação. Alvarás e Provisões 1738-1739, maço 515, fl. 262-263.

206 ALVARÁ de perdão concedido a D. Maria da Cruz. *In*: FAGUNDES, Giselle; MARTINS, Nahílson. *Op. cit.* p. 59.

da Vila de Nossa Senhora da Purificação de Santo Amaro, na casa de seu genro o coronel Domingos Martins Pereira. Nessa localidade, por temer não voltar à sua "Fazenda das Pedras, no sertão do Rio de São Francisco" e "por não saber ler nem escrever"[207], ditou seu testamento, a 13 de setembro de 1739, ao padre Agostinho Martinho de Almeida "o qual, depois de o escrever lho lera palavra por palavra[ ] conforme o tinha ditado" e, também, o assinou.[208] Suas "últimas e derradeiras vontades", contudo, parecem desmentir sua situação calamitosa.

Em seu testamento, seguindo o que determinava a lei, nomeou e instituiu seus filhos como "legítimos e necessários herdeiros [ ] nas duas partes de [seus] bens". Mas, o legado do qual dispôs e que, portanto, representava apenas um terço do seu patrimônio era bastante substancial. Na parte inicial, de acordo com o Direito Canônico e como era o costume, a testadora invoca a Santíssima Trindade, "a gloriosa Virgem Maria Nossa Senhora Mãe de Deus e a todos os santos a quem tenho devoção", para que rogassem por sua alma. A seguir, nomeia seus testamenteiros – que teriam "7 anos para o dar conta"–, descreve todo o ritual fúnebre, determina o lugar de seu sepultamento e, especifica as esmolas, os locais e as quantias a serem gastas com as capelas de missas em sufrágio de sua alma, da de seu marido e das do Brejo de Papagaio, destinando substancial quantia para o ornamento da Capela de Nossa Senhora da Conceição das Pedras.[209] Após essas formalidades e como permitiam as leis do Reino, dá início a partilha de sua terça.

Os primeiros a serem nomeados como herdeiros são seus netos, filhos de D. Catarina e, somente na falta deles, herdariam as filhas de D. Maria de Oliveira.[210] Contempla sua irmã, Benta Gomes, a filha desta e sua mãe com vultosa quantia além de determinar que sua progenitora receba um casal de escravos.[211] Estabelece que após satisfeitos todos os legados, os bens remanescentes iriam para as "missas e sufrágios de[sua] alma e outra para se repartir entre todos os [seus] netos machos e fêmeas e da outra parte se repartir pelas [suas] parentas pobres mais chegadas.[212]" A seguir, alforria

[207] TESTAMENTO de D. Maria da Cruz, fl .61v. CODICILO de D. Maria da Cruz, l. 64v.

[208] TESTAMENTO de D. Maria da Cruz, fl. 62.

[209] TESTAMENTO de D. Maria da Cruz, fl.57-60.

[210] TESTAMENTO de D. Maria da Cruz, fl. 60-60v.

[211] TESTAMENTO de D. Maria da Cruz, fl. 60.

[212] TESTAMENTO de D. Maria da Cruz, fl. 60 v.

três de seus escravos "pelos bons serviços e fidelidade que deles tenho experimentado" e deixa coartados outros três de seus cativos.[213]

De volta a sua casa das Pedras, D. Maria, provavelmente, assumiu a gerência de seus bens e de sua fazenda chamada Capão, que lhe foi passada por carta de sesmaria, de 4 de maio de 1745 e, embora tenha solicitado ao Governador três léguas, foram-lhe concedidas por Gomes Freire de Andrade três léguas e meia.[214] Nesse período, tem-se notícias, dos arredores de sua morada. Com base em uma descrição das freguesias então existentes, seu autor informa que "a Igreja dos Morrinhos tem cinco altares; é templo de estupenda arquitetura e está ricamente paramentada de prata e ouro e ornamentos, [ ]. É esta igreja dos Morrinhos filial da matriz das Almas, da Barra do Rio das Velhas".[215] E, é ali que, em meados dos setecentos, D. Maria e um de seus filhos padres, organizaram um "juizado da Semana Santa [ ],e querendo o pregador o dr. dos seus sermões, lhes [ofereceram] a escolha negros, bois e cavalos, menos dinheiro, que o não havia na terra".[216]

Levada, talvez, pela idade já que então bisavó, D. Maria da Cruz, "assistente no sítio da Capela de Nossa Senhora das Pedras, distrito e freguesia dos Morrinhos," em 21 de fevereiro de 1756, ditou seu "codicilo para acostar ao [ ] solene testamento [ ] última e derradeira vontade e valimento de ambos".[217] Escrito por João da Costa Madureira Vasconcelos e assinado por seu filho, o padre Manoel Cardoso, foi homologado na Vila do Príncipe. Nesse documento, reitera o testamento feito na Bahia. Na primeira cláusula afirma que a três de seus escravos "lhe[s] tenho passado suas Cartas de Alforria e a todos os dou por ferro como suas em suas Cartas se contem".[218] Declarando-se credora mas também devedora, determina que seus testamenteiros "atendendo a diminuição de meus bens, ratearão legados e minhas dívidas [ ] e passarão mais para legado de minha alma".[219] Mais uma vez, sua neta D. Úrsula, filha de D. Catarina, a quem já deixara

---

213 TESTAMENTO de D. Maria da Cruz, fl.60v-61.

214 REGISTRO de Carta de Sesmaria. Revista Arquivo Público Mineiro. Ouro Preto: Imprensa Oficial, Ano III-1898, p. 891-892.

215 SOARES, Manoel Ribeiro ou ALMEIDA, Vicente Gonçalves George de. Descrição do bispado do Maranhão. *Apud* CÓDICE Costa Matoso. Coordenação de Luciano Raposo de Almeida Figueiredo e Maria Veronica Campos. Belo Horizonte: Fundação João Pinheiro, 1999. v. 1. p. 942.

216 BORRADOR, fl. 68v.

217 CODICILO de D. Maria da Cruz, fl. 63v.

218 CODICILO de D. Maria da Cruz, fl. 63v.

219 CODICILO de D. Maria da Cruz, fl. 64-64v.

"uma escritura de doação e obrigação de quatro mil cruzados"[220] é contemplada, recebendo "uma crioulazinha por nome Ana que tem idade seis para sete anos".[221]

Dona Maria da Cruz morreu em 23 de junho de 1760, no "sítio da Capela de Nossa Senhora da Conceição das Pedras".[222] Conforme sua vontade e, se os seus dois filhos padres atenderam as suas determinações, pode-se pressupor que, após missa de exéquias, seu corpo amortalhado no hábito de São Francisco foi sepultado na sua "Capela de Nossa Senhora da Conceição das Pedras, filial da Matriz do Arraial dos Morrinhos", na mesma lápide de seu marido.

Nas "Memórias históricas da província de Minas Gerais", seu autor descreve uma freguesia que situada "em lugar vistoso e são" às margens do São Francisco e povoada por pouco mais de doze fogos,[223] em seu nome rememorava D. Maria: Nossa Senhora da Conceição das Pedras de Maria da Cruz.

Os poucos relatos sobre sua vida e a escassa documentação, até agora levantada, foram responsáveis pelas controvérsias que se formaram em torno de seu caráter e de sua personalidade. A figura da mulher por trás do mito, seja na visão de Diogo de Vasconcelos – para quem D. Maria foi uma bondosa matriarca para todos aqueles que viviam no sertão do São Francisco, provendo-os de educação, música, ofícios e, até mesmo, maridos[224] ou naquelas colhidas por alguns memorialistas –, que a definem como famigerada fazendeira, que chegou a receber a alcunha de "Maria da Cruz da Perversidade"[225] – suscita mais perguntas que respostas.

Não se pode adotar uma ou outra dessas imagens, tentar conciliá-las ou mesmo superar suas contradições.

Mas os arquivos continuarão a abrir-se a todos que buscam encontrá-la não só nos acontecimentos de 1736, aos quais seu nome se liga, mas no lugar ocupado por ela no sertão.

---

220 TESTAMENTO de D. Maria da Cruz, fl. 59.

221 CODICILO de D. Maria da Cruz, fl. 64.

222 TERMO de abertura do testamento com que morreu D. Maria da Cruz, fl. 62v.; TERMO de abertura do codicilo com que morreu D. Maria da Cruz, fl. 63.

223 REVISTA DO ARQUIVO PÚBLICO MINEIRO. Ouro Preto: Imprensa Oficial de Minas Gerais, Ano XII, 1907-1908, p. 603.

224 VASCONCELOS, Diogo. *História Média das Minas Gerais*. 1999. p. 111-117.

225 SILVA, Wilson Dias. Maria da Cruz da perversidade. In: *O velho Chico: sua vida, suas lendas e sua história*. Brasília: Codevasf; Minter, 1985. p. 191-192.

Documentos

Manuscritos do Brasil/IAN/PT/TT/MSBR/Livro 10,
mapa inserido entre as folhas 186 e 187
Mapa da região do Rio São Francisco

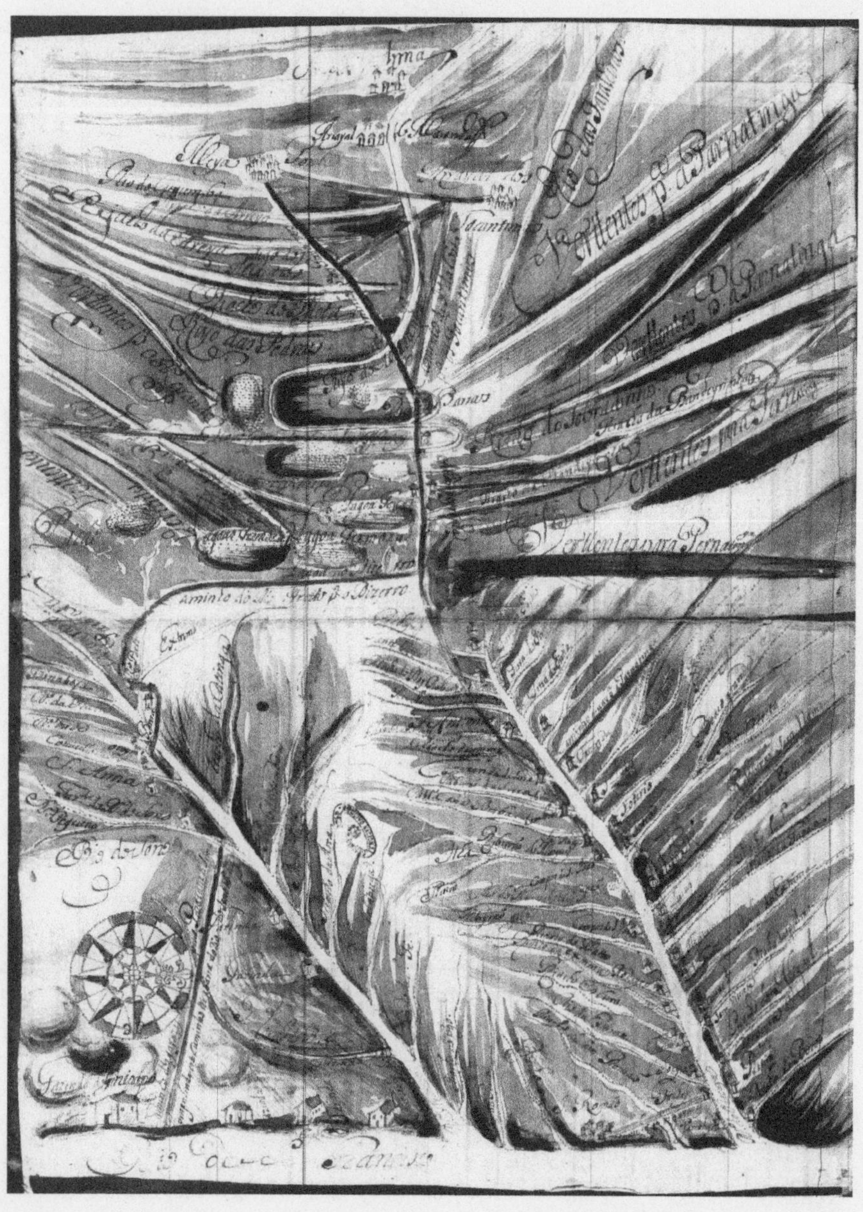

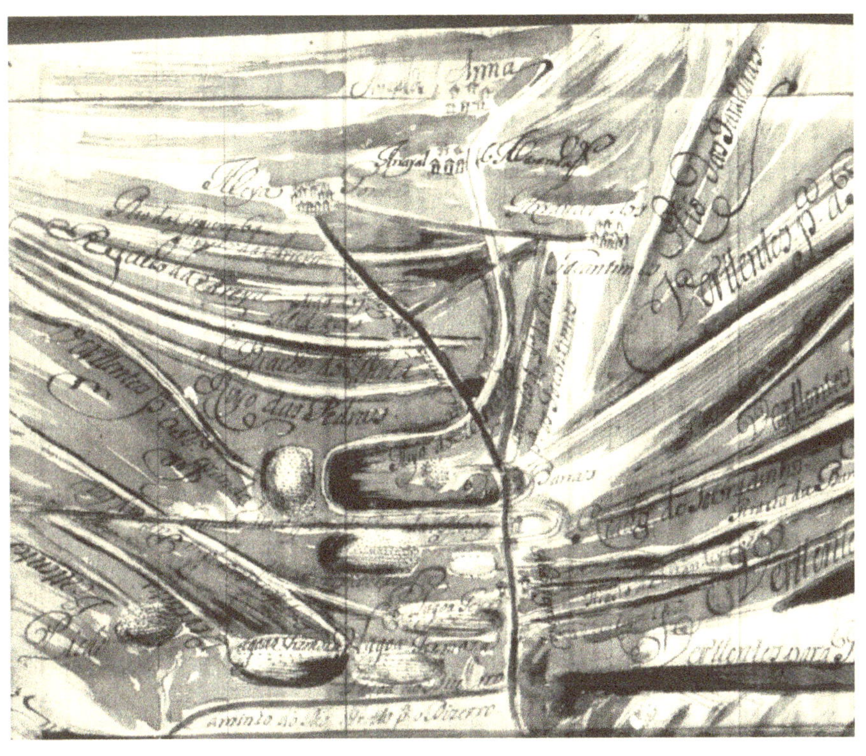
Anna
Barras

Manuscritos do Brasil,
IAN/PT/TT/MSBR-Livro 13, m0073-0074

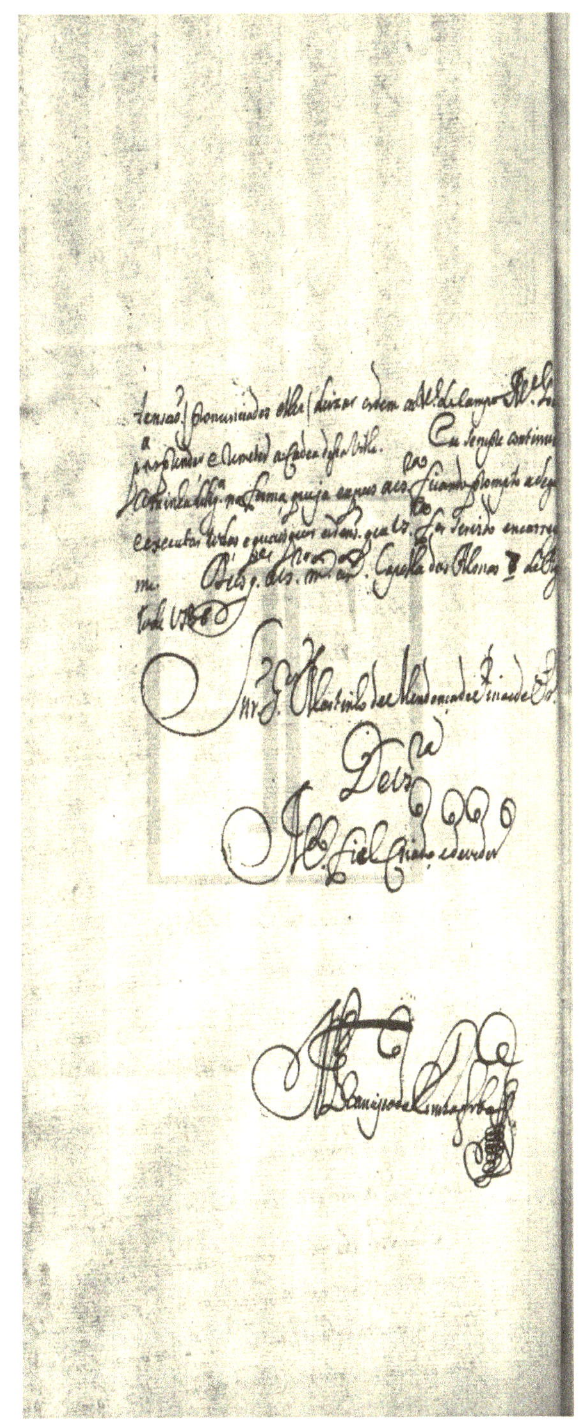

Manuscritos do Brasil, IAN/PT/TT/MSBR-Livro 13, imagens m0073-m0074 (Imagem m0073)

Meu Senhor. Ao depois de ter escripto a Vossa Senhoria chega a este lugar hu homem / com a sua família, que passa para essas Minas, vindo das partes do Certão de Per/nambuco, e conta que Domingos do Prado com hum seu Sobrinho de 12 annos e todos / os seus negros, e aliados, vem pelo Ryo de São Francisco assima, armados a São Ro/mão, e com intento de passarem as Minas, em ódio da Capitação. Este homem / depos ser no Arrayal do dito assaltado a meya noite, por 30 negros dos ditos / armados acterrarem-lhe o passo, porem, que apiedados de trazer sua / mulher e oito pequenos filhos o deixarão passar. Conta o dito que estes rebeldes / tem insultado vários comboeyros, roubando-lhe fazendas, e cavallos / e que o mesmo fazem aos moradores, que os não querem acompanhar, / e que já queimarão a caza de hum destes, dando the huns tiros em hum / negro, e tambem dis o mesmo, que pelos [méritos], que fes com toda / a pressa, acharão mais des moradores dispostos a acompanharem os a/motinados, que vem de baixo para se encorporarem e virem contra o nosso / corpo, e passarem as Minas; a segunda parte se me faz menos crível, porque / raras vezes se vio que os tumultos do Povo tenha subsistência athe fora do / seu próprio pais; porem sempre tenho por certo, que a rebelião ca/da vez está mais obstinada nas vezinhanças do Prado, Carunhanha, e / Brejo do Salgado, que são as extremidades maes longínquas deste governo. /

Não obstante esta noticia sempre conservo em estabilidade, quanto / ao meu parecer / e mesmo que a Vossa Senhoria expus na minha carta antecedente a / esta: já depois de a fazer, tirei mais testemunhas e começo a descobrir al/guns dos perolvilhos, que aqui fizerão o primeyro motim, faço tensão // (**Imagem m0074**) tensão, pronunciados elles, deixar ordem ao Mestre de Campo Manoel Soares / para prender, e remeter a cadeia dessa Villa. Eu sempre continuarei / a minha deligencia, na forma que já expus a Vossa Senhoria, ficando prompto a seguir / e executar todas, e quaisquer ordens, que Vossa Senhoria for Servido encarregar-/me. Deus guarde Vossa Senhoria muitos annos. Capella das Almas 7 de Agos/to de 1736. /

Sr. Governador Martinho de Mendonça de Pina, e de Proença /

De Vossa Senhoria muito fiel criado, e devedor /

Francisco da Cunha Lobo //

Manuscritos do Brasil, IAN/PT/TT/MSBR-Livro 13, imagens m0083, m0084, m0085, m0086

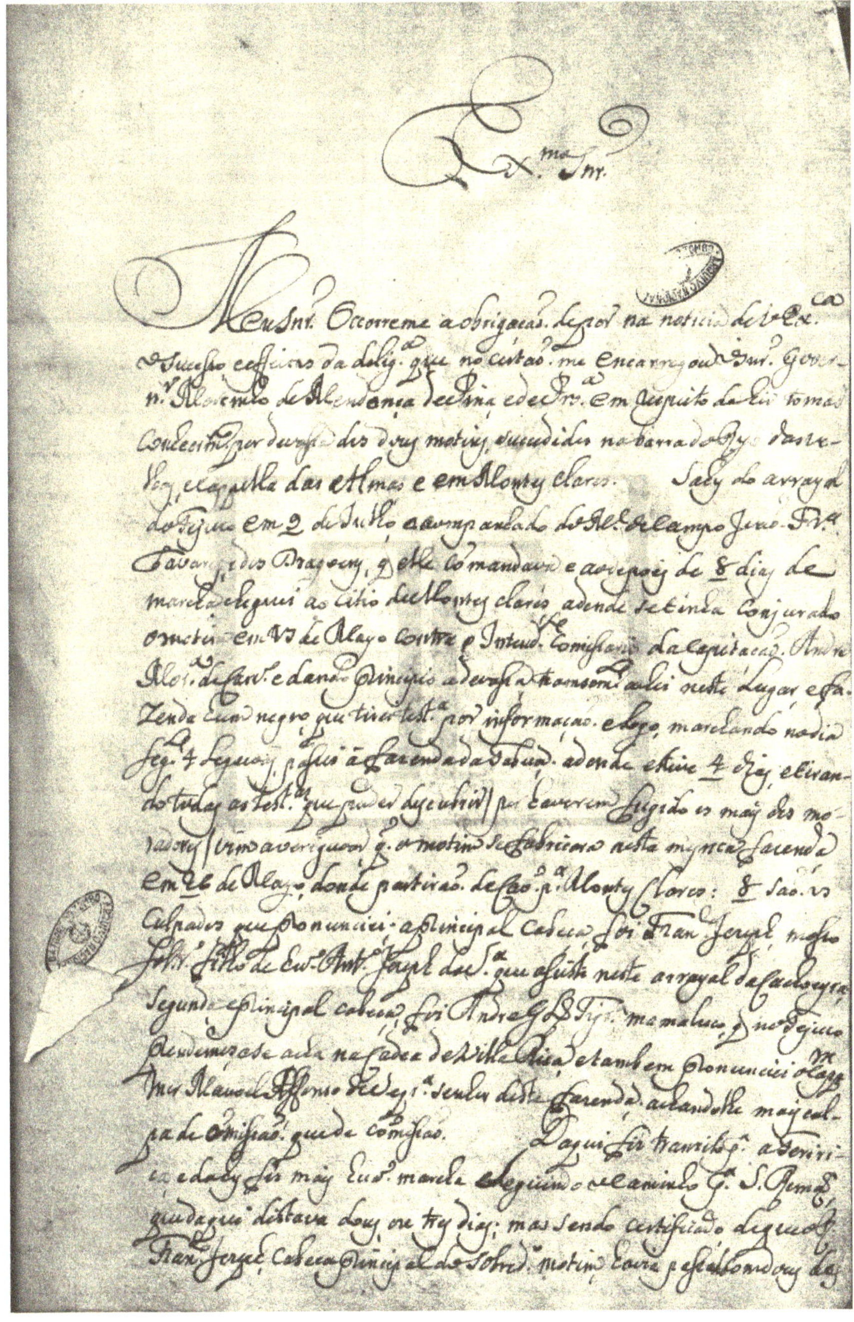

dos PP. seus socios, sahiu dous dias p.a S. Romão a tomar as ca
as p. não podermos passar o Rio de S. Fran.co e chegar ao d.o arrayal
donde tambem soube se achava tambem o P.e resoluto pella insi
cia dos que ache tinhão. Vindo em 6 de Julho da resid.cia do brejo do S
gado me resolvi a fazer a viagem p.a a barra do Jiquitahy, suppo
ou impossivel o meu transito p.a S. Romão ou igualm.te arriscada a vi
nha a m.a chegada defronte do arrayal e não podendo conseguir passa
R.o e principalm.te por se demettendo a esterilid.e do paiz subsit.a naque
p.r por não haver forragens nem milhos e nem poder conservarse
no pouco pasto que ali em mais algua distancia a cavo acharia em
p.a se dederem aquellas vivendas povoadas de eguas de criação e co
de hu matto baixo e espesso, a que chamão Catingas; na barra d
Jequitahy continuei com test.as a devassa e passei com 4 leguas
marcha p.a sima ao arrayal das Almas, cito na barra do Rio da
Velhas, adonde me demorei 7 dias, em que tirei as test.as ... mas
... fugirão e pello que respeita ao motim feito neste citio contra
de ... em 22 de Ab.o culpei e pronunciei 6 PP. e des
vem continuando a devassa pellas fazendas que do Rio acima
margem do Rio das Velhas athe defronte do Curmataly como me havia
determinado S. Ex.a q. Martinho de Mendonça. Depois com provi
alguns meios p.a se poderem prender os culpados deixando ordem a aque
Campo Reg.de Roiz Soares, ao Juiz ... Soares, e aos ... do S
Fco. as quaes tão poderão ter algu. effeito ... todo aquelle corpo
me acompanhado, porq. a ... a sugeitar todos os ...

moradores daquelle S.r do certão. Como tive mais repe-
tidas noticias de que os moradores do brejo do Salgado Comarcãos
do Angico e suas vezinhanças Rio abaixo de S. Fran.co segunda vez se encorporarão e amotinados vinhão ao S. Romão, dizendo hião
deffender as minas (o q nesta occ.am se fas inadmissivel) mandamos explo-
rar este movim.to e foi por sua vont.e o soldado Ignacio Fran.co com dis-
farce ao S. Romão adonde não passou mais estando de frente dous dias
voltou a tempo que nos achou na Aldeia e veyo certificando que estas
noticias que adquirira era certo q os moradores [illegible] Gerais su-
bião a Urina armados e amotinados fazendo nos transitos m.tas hostilida-
des, e violencias aos q repugnavão acompanhallos; esta noticia com tão mais
particulares e individuas me parecerão dignas de passarem sem demora ao
Snr. G.or Martinho de Mendonça e assim tomei a resolução de mar-
char a toda a pressa sem dar descanso acompanhado do mesmo Sold.o
a elle lhe participar; e o achei neste arrayal da Cachoeyra
adonde lhe expuz tudo q. soube e ouvia nas materias do certão; como tambem o certifiquei do motim que do brejo do Salgado viera
ao S. Romão em 6 de Julho contra o Barroso, e a dua esquadra q
no dia antecedente havia sahido q. hia a incorporarse no Sitio
Com André Alv.a e pelle m.a de q passa Constou parte dos excessos destes
amotinados e de que no tal arrayal estavão q 3 dias incompletos, e
estes sós mesmos q accumulando (se he certo) dispois mayor copia de
moradores farão os seg.dos motins mais numeroso q. principiou partindo
Saibão dos irente da Capitania, e do Castigo dos motins Co-

cometidos: não creyo que estes barbaros possão ter subjeição e [illegible]
[illegible] de permanencia que se adiantassem assima em progressos q. [illegible]
occasionão mayor cuid.o e m.to menos q. de dentro alguns possão inquie[tar]
este paiz tão seguro e subordinado como este e todas as Minas [illegible]
Dito fazendome o Snr. Martinho de Mendonça a m.ce de querer sab[er]
o juizo q. eu faria nesta occurrencia lhe expus que a mim me parec[ia]
por ora menos apta a occasião de querer suscitar com aparato [illegible]
algum fogo ou movim.to escandaloso neste certão, referilhe alguas [illegible]
politicas a que pode estenderse a minha lembrança, e suposto mays [illegible]
que alguas lhe não disponerão com tudo pareceme que impedem [illegible]
[illegible] ainda que disposta com grande temperança.

E alguas ordens medio o d.o Snr. me expedira depois da sua [illegible]
p. continuar nossos servid.es porem nenhuas me chegarão á mão; [illegible]
he muy grande a dist.a e m.to arriscados e muy poucos os meyos d[e]
conducção com segurança.

Eu volto amanhãa p.a [illegible], [illegible] me[illegible]
modo de meyos [illegible] porem logo me restituhirei a [illegible]
e sem interpolação de mais tempo q. o da jornada a esta cid.e p.a [illegible]
[illegible] de V. Ex.a e continuar lhe [illegible]
[illegible] da minha rendida obed.a [illegible]
D.s g.de a V. Ex.a com dev. Cachoeyra de Agosto [illegible] de 173[illegible]

Ex.mo Snr.
[illegible] de V. Ex.a
M.el dias [illegible]
[illegible]

(Imagem m0083)

Excelentissimo Senhor, /

Occorre-me a obrigação de por na noticia de V. Exa. / o sucesso efficaz da deligencia, que no Certão me encarregou o Sr. Gover/nador Martinho de Mendonça de Pina, e de Proença, em respeito de hir tomar / conhecimento por devassa dos dous motins, succedidos na Barra do Ryo das Ve/lhas, e Capella das Almas, e em Montes Claros. Sahy do Arrayal / do Tejuco em 9 de Julho, acompanhado do Mestre de Campo João Ferreira / Tavares, e dos Dragõens que elle comandava, e ao depois de 8 dias de / marcha, cheguei ao Citio de Montes Claros adonde se tinha conjurado / o motim em 17 de Mayo contra o Intendente Comissario da Capitação André / Moreyra de Carvalho, e dando principio a devassa, nam somente achei neste lugar, e fa-/zenda hum negro, que tirei testemunha por informação, e logo, marchando no dia / seguinte 4 leguas, passei a Fazenda da Tabua, adonde estive 4 dias, e tiran/do todas as testemunhas que puder descubrir, por haverem fugido os mais dos mo/radores, vim averiguar, que o motim se fabricara nesta mesma Fazenda / em 26 de Mayo, donde partirão de Cavalo para Montes Claros: 8 são os / culpados que pronunciei; a principal cabeça foi Francisco Jozeph, mosso / solteiro, filho de hum Antonio Jozeph da Sylva, que assiste neste Arrayal da Cachoeyra; / segunda e principal cabeça, foi Andre Gonsalves Figueyra, mameluco, que no Tejuco / prendemos, e se acha na Cadeia de Villa Rica, e tãobem pronunciei o Cappitam / Mor Manoel Affonso de Sequeira, Senhor desta Fazenda, achando-lhe mais cul/pa de omissão, que de comissão. Daquy fiz tranzito para a Teriri/ca, e dahy fiz mais huma marcha para seguindo o caminho para São Romão, / que daqui distava dous, ou tres dias, mas sendo certificado de que o Reo / Francisco Jozeph, cabeça principal do sobredito motim, havia passado com dous de // (**Imagem m0084**) dos Reus seos socios, havia dous dias para São Romão a tomar as [cano/as] para não podermos passar o Ryo de São Francisco e chegar ao dito Arrayal / donde tãobem soube se achava o povo revoluto pela [influen/cia] dos que a elle tinhão vindo em 6 de Julho das partes do Brejo do Sal/gado me rezolvi a dispor a viagem para a Barra do Jequitahy, supposto / ou impossivel o meu tranzito para São Romão, ou igualmente arriscada, [e .../roza] a minha chegada defronte do Arrayal, não podendo conseguir passar o / Rio, e principalmente, não premitindo a esterilidade do Pays substituida naquella / parte por não haver forragens, nem milhos, e nem poder conservar os Cavalos / no pouco pasto, que ali em mais algua distancia acazo acharia em / parte de dizerem aquellas vezinhanças povoadas de éguoas de criação e do / de hum mato baixo que chamão catinga; na Barra do Jequitahy continuei com testemunhas a devassa e passei com

4 leguas de / marcha para sima ao Arrayal das Almas, cito na barra do Rio das / Velhas, adonde me demorei 4 dias, em que tirei as testemunhas aos moradores que / não fugirão, e pelo que respeita ao motim feito neste Citio contra o Juiz / do Papagayo em 22 de Março, culpei e pronunciei 6 Reus assima da / margem do Rio das Velhas athe defronte do Cromatahy como me havia de/treminado o Sr. Governardor Martinho de Mendonça. Dispus comprilos / alguns modos para se poder em prender os culpados, deixando ordem ao Mestre de / Campo Manoel Rodrigues Soares, ao João Ferreira Tavares, e ao Escrivão do Papaga/yo, as quais se poderão ter algum effeito recolhido todo aquelle corpo a / me acompanhado, porque a sua hida foy afugentar todos os moradores // (**Imagem m0085**) moradores daquella parte do Certão. Como tivemos repe/tidas noticias de que os moradores do Brejo do Salgado, Carunhana, / Prado, Angico e suas vezinhanças Ryo Abaixo de São Francisco segun/da vez se encorporavão e amotinados vinhão a São Romão, dizendo havião / de passar as Minas, o que nesta parte se faz inadimissivel, mandamos explo/rar, e fis por sua vontade o soldado Ignacio Francisco com dis/farce a São Romão, adonde não passou, mas estando de frente dous dias / voltou a tempo, que nos achou na Piedade, e veyo certificando que pellas / noticias, que adquirira, hera certo, que os moradores dos sobreditos citios, su/bião assima armados, e amotinados, fazendo nos transitos muitas hostilida/des, violencias aos que repugnavão acompanha-los, esta noticia e outras mais / particulares, e individuais me parecerão dignas de passarem sem demora ao / Sr. Governador Martinho de Mendonça, e assim tomei a resolução de mar/char a toda a pressa, sem hir ao Tejuco acompanhado do mesmo soldado / a Villa Rica a participar-lhes, e o achei neste Arrayal da Cachoeyra, / adonde lhe expus tudo que soube, e sentia nas materias do Certão, co/mo tambem o certifiquei do motim, que do Brejo do Salgado viera / a São Romão a 6 de Julho do corrente contra o [Barreto], e a sua esquadra que / no dia antecedente havia sahido para sima a encorporar-se ao Leitão / com Andre Moreira, e pella minha devassa constão parte dos excessos destes / amotinados, e de que no tal Arrayal estiverão 3 dias incompletos, e / estes são os mesmos, que acumolando, se he certo, de presente mayor copia de / moradores fazem o segundo motim mais numerozo, que o primeiro pertendendo / barbaramente os isente da capitação, e dos castigos dos motins con- // (**Imagem m0086**) commetidos: não creyo que estas barbaridades possão ter subsistido em menor / effeito de permanencia que se adiante Ryo assima em progressos, que de / occazionar meyor cuidado, e muito menos, que de sorte algua passão inquitos / hum payz tão seguro, e subordinado como hoje se achão as Minas, e / tudo fazendo-me o Sr. Martinho a mercé de querer ouvir / o juizo que eu fazia nesta occurencia lhe expus, que a mim me parecia / por

ora menos apta a occazião de querer sucitar com aparato reunir / algum fogo, ou movimento escandalozo neste Certão, referi-lhe alguas razões / politicas, a que pode estender a minha rudeza, e suposto me parece / que alguas lhe não dissonarão, com tudo parece-me que emprende ha/ver-se rezolução ainda que disposta com grande temperança. /

Alguas ordens me dis o dito Senhor me expedirá depois das prizões / que continhão novas providencias, porem nenhuas me chegarão a mão porque / he muy grande a distancia e muito vasto o Payz, e muy poucos os meyos de / concluzão com segurança. /

Eu volto amanhã para Tejuco, viagem, que supposto me inco/moda, se me faz inevitavel, porem logo me restituho a Villa [...] / e sem interpolação de mais tempo, que o da jornada a esta cidade para todo / o gesto de por-me aos pés de Vossa Excellencia e continuar-lhe obrigado, e reco/nhecido o seguro da minha rendida obediencia sempre prompto para o seu Serviço. /

Deus Guarde a Vossa Excelencia como desejo. Cachoeyra, e de Agosto 23 de 1736. /

Excellentissimo Senhor eu / Muito devedor criado / Francisco da Cunha Lobo //

Manuscritos do Brasil/IAN/PT/TT/MSBR/Livro 10, fls. 222-225v

Memorial para a conta que ei de dar a Sua Magestade / que Deus Guarde ou aos meos supriores que governão a qual / tomo por trabalho, por Serviço de Deos Nosso Senhor, e zelo / do Real Serviço para se ivitarem os malifisios que freqüente/mente se cometem nos Certoins deste Brasil sem temor / da Justissa divina e umana; e vay declarado nos / Itens seguintes para milhor esplicassão, que he o que pude al/cansar para dar notisia das partes por onde tenho / andado. /

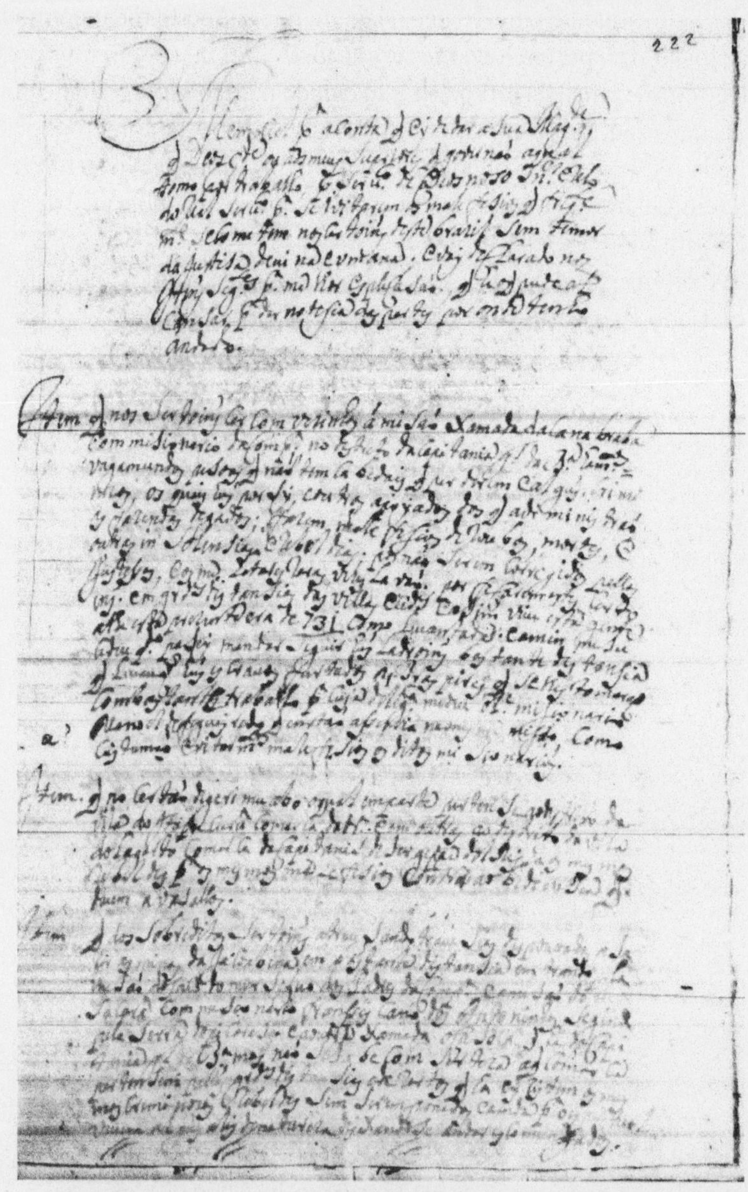

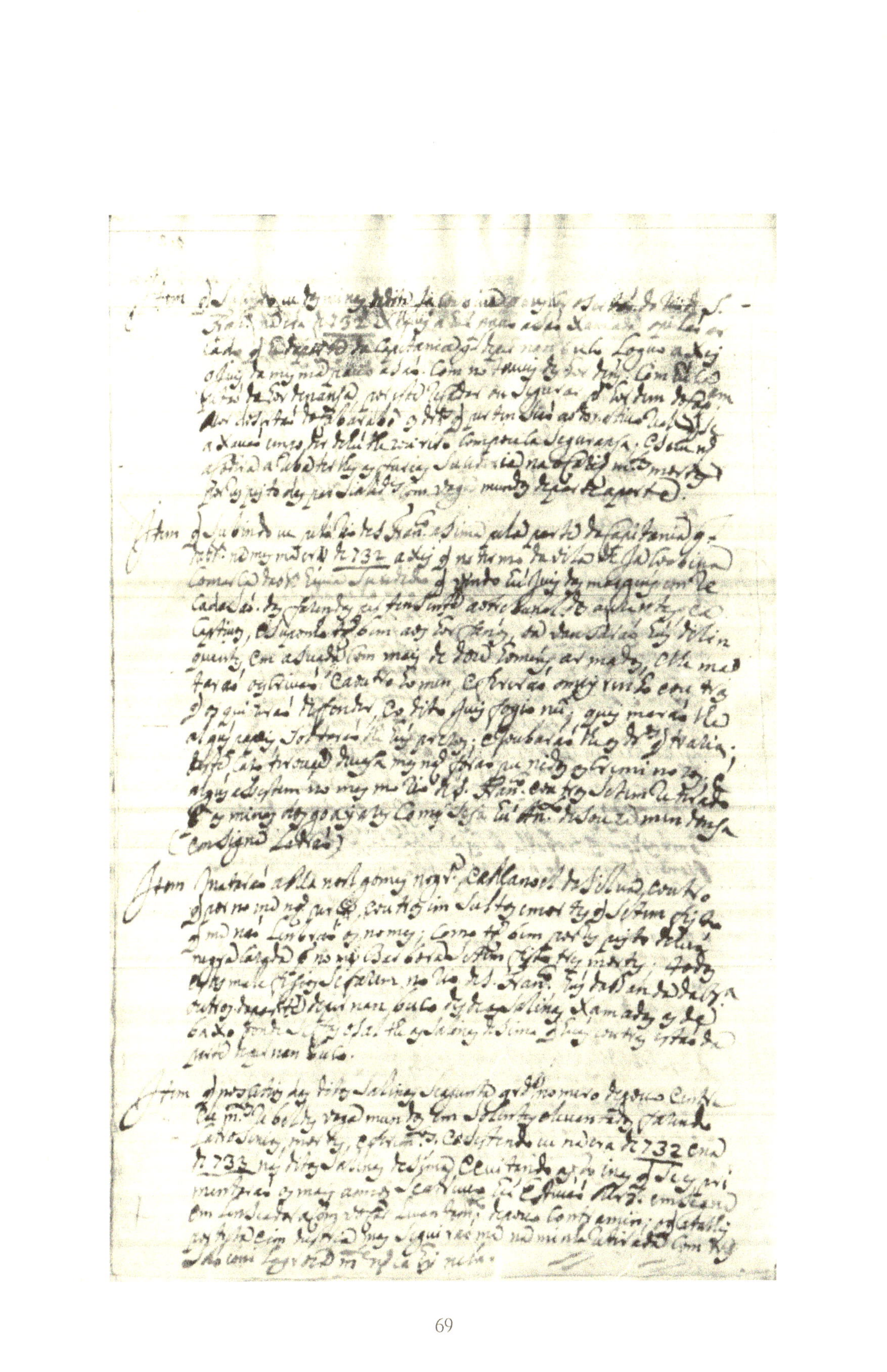

Item [illegible] 1732 [illegible] Logus [illegible] Segurança [illegible]

Item [illegible] 1732 [illegible]

(Consignado Leitão)

Item [illegible]

Item [illegible] 1732 [illegible] 1733 [illegible]

Item q o sobredito Agostinho Roiz, sucedendo no dito Brejo de Jacaré [illegible] moradores [illegible] testamento [illegible] seus Bens [illegible] com [illegible] sem autoridade de Justiça [illegible] foi o dito Agostinho Roiz [illegible] dos ditos Bens [illegible] costuma fazer.

Item q no Arraial chamado dos Morrinhos no distrito das Minas Gerais Comarca do Serro do Frio mora [illegible] Capelão [illegible] Como [illegible] castigando os escravos [illegible] tratando mal [illegible] clérigos andando [illegible] Como [illegible] salvação [illegible] sem temer [illegible] Justiça.

Item q o mesmo Dr. Capelão está com amizade [illegible] filhos [illegible] sua mulher [illegible] bens [illegible] cabedal [illegible] dos ditos Bens. tudo pelo temerem.

Item q sucedeu no mesmo Arraial dos Morrinhos vindo [illegible] homem [illegible] Brandão [illegible] isto [illegible] q sucedeu.

Item q no sítio chamado o sítio de Estevão Lopes morador [illegible] das Minas gerais Comarca do Serro do Frio [illegible] Estevão Lopes [illegible] milagrosa [illegible] filhos chamados [illegible] Cardoso [illegible] Pedro Cardoso [illegible] Justiça [illegible] cabedal [illegible] Cardoso [illegible] 733 [illegible]

Item q no arraial [illegible] Salvador Cardoso [illegible] distrito das Minas

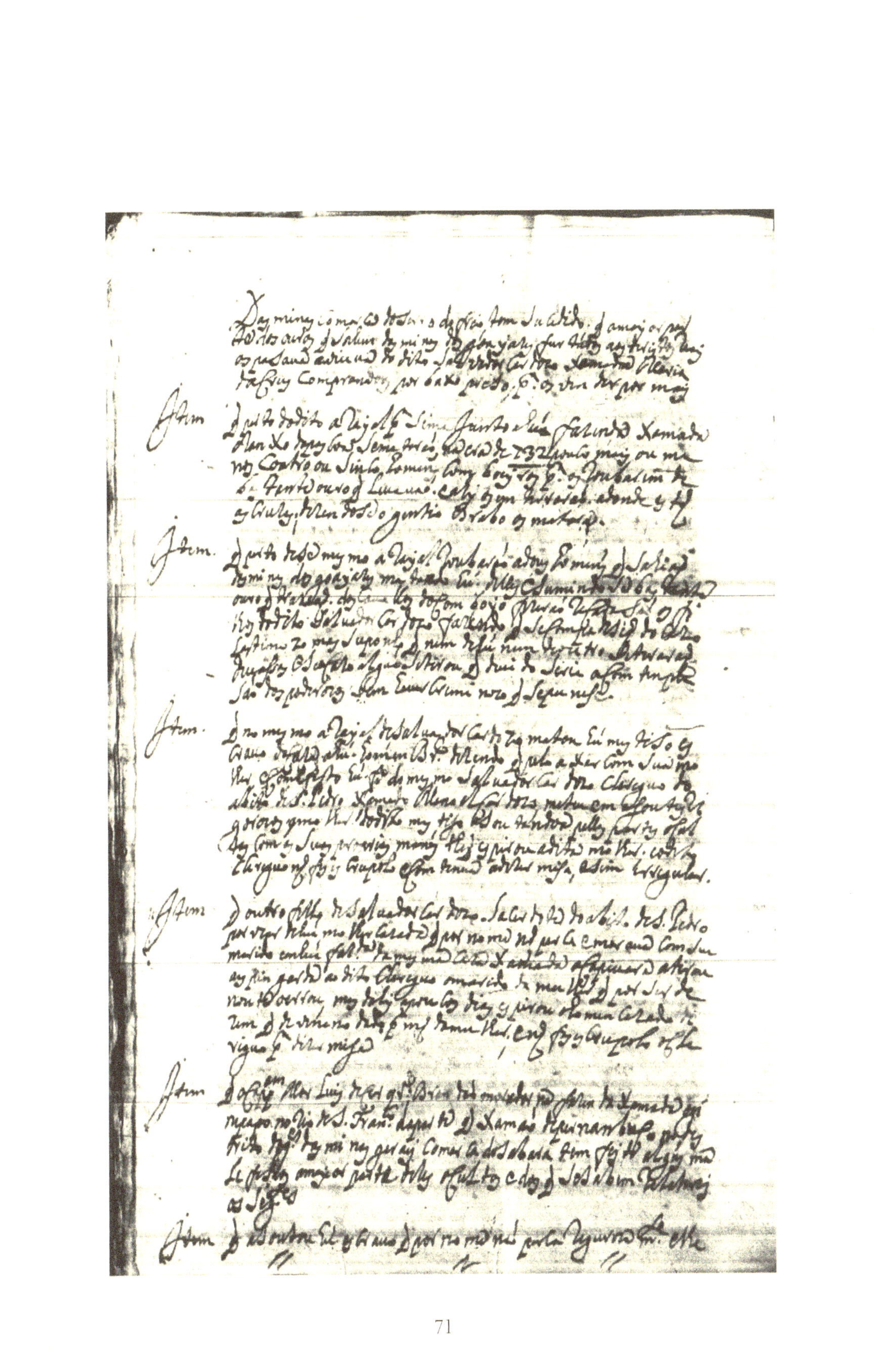

[illegible]

Item [illegible]

Item [illegible]

Item [illegible]

Item [illegible]

Item [illegible]

Item [illegible]

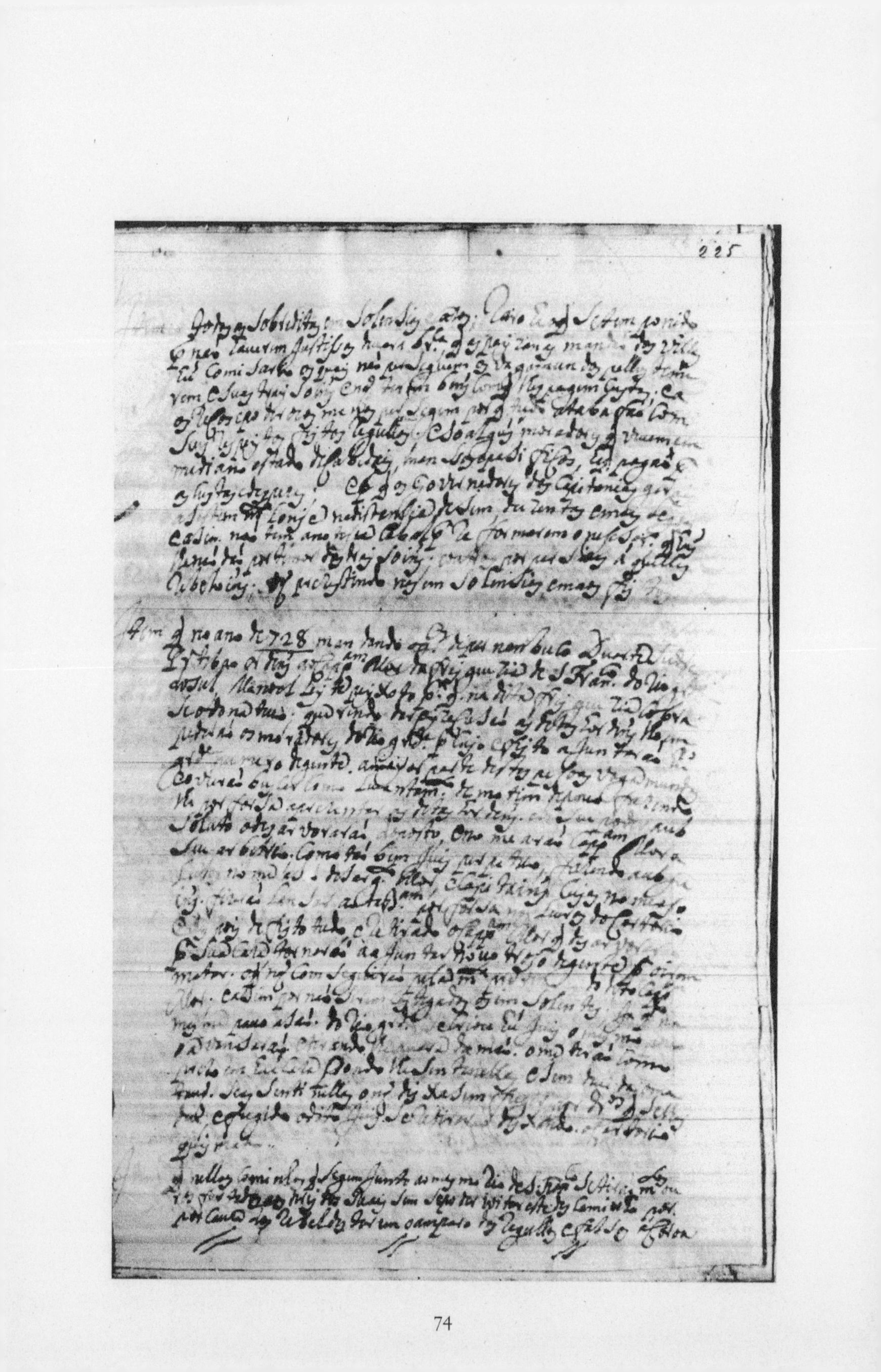

Item q no citio xamado [illegible] junto ao Rio de S. Fran.co no destricto de [illegible]
nia de Pernambuco [illegible] mataraõ [illegible]
[illegible] pellos [illegible] mataraõ [illegible]
homem casado q por nome naõ se sabe por [illegible] de sua molher. mata
raõ a Manoel [illegible]. Mataraõ a hu' [illegible] por nome Fran.co ma
taraõ a hu' indio forro q por nome naõ se sabe [illegible] cortaraõ a cabeça
botando lhe o corpo ao Rio abaixo. E no citio e fazenda xamada
o Rio abaixo da banda da B.a [illegible] hu' homem casado q por nome
naõ se sabe ficando [illegible] com sua molher

Item q entre a fazenda xamada o Rio abaixo e a outra xamada a Cana brava ba
nda do Rio de S. Fran.co da parte da Capitania geral da B.a mataraõ
a hu' Comboieiro de fazenda seca xamado Joaõ Alz' falando lhe q
[illegible]
[illegible] mil cruzados [illegible]
o dito Comboieiro tinha sahido do Arraial [illegible] Salvador
Cardozo q he no destricto da Capitania geral das minas na Comarca do Serro
do Frio. Conseguiraõ [illegible] publi
camente pellas fazendas armados [illegible] como mataraõ
no destricto da Bahia.

Item q na paragem xamada o brejo grande do [illegible] junto ao Rio de S. Fran.co
no destricto do governo de [illegible] mataraõ hu' xamado [illegible]
[illegible] publicamente [illegible] a hu' homem xamado Joaõ [illegible]. Mata
raõ [illegible]
[illegible]
[illegible] adonde [illegible] pella Justiça.

Item q o dito [illegible] tinha com grande [illegible] no mesmo brejo do [illegible]
o P.e Miguel de Lima morador na Capitania [illegible]
[illegible]
[illegible]
[illegible]
[illegible]
[illegible]
[illegible]
[illegible]
[illegible]
[illegible] com o [illegible] Manoel [illegible].

(Fl. 222) Memorial para a conta que ei de dar a Sua Magestade / que Deus Guarde ou aos meos supriores que governão a qual / tomo por trabalho, por Serviço de Deos Nosso Senhor, e zelo / do Real Serviço para se ivitarem os malifisios que freqüente/mente se cometem nos Certoins deste Brasil sem temor / da Justissa divina e umana; e vay declarado nos / Itens seguintes para milhor esplicassão, que he o que pude al/cansar para dar notisia das partes por onde tenho / andado. /

Item que nos Sertoins cerconvizinhos à missão xamada Canabraba / com missionário da Companhia; no destrito da Capitania geral da Bahya há muitos / vagamundos pessoas que não tem cabedais que perderem e alguns crimi/nozos, os quais hus por sy, e outros apoyados dos que adiministrão / as fazendas de gados; fazem malefissios de roubos, mortes, e / outras insolênsias e rebeldias; por não serem corregidos pellas / Justissas, e os melitares raras vezes lá vão, por ficarem estes Certo/ins em grandes distansias das villas e cidades, e assim vive esta gente / athe esta prezente era de 731 como levantada; e a mim me su/cedeu quando mandey passar seguir hus ladroins bastante distansia / que levavão hus escravos furtados de Bras Pires, que se lhes tomarão / com bastante trabalho, para cuja deligencia me deu o Padre Missionario / Manoel de Figueiredo que contão assestia na mesma missão, como / custumão evitar muitos malefisios os ditos missionários. /

Item que no Certão de Gerimuabo o qual em parte pertense ao destrito da / Villa do [Itapacuru] comarca da [Bahia]; em outras ao distrito da Villa / do Lagarto, comarca da Capitania do Sergipe Del Rey, ha os mesmos / rebeldes para os mesmos malefisios contra a obediênsia que / devem a vassallos. /

Item que dos sobreditos Sertoins atravessando travessias despovoadas a sa/hindo das Minas da Jacobina, em bastante distancia emtrando pella / missão do do Saco do Murseguo dos Padres da Companhia e a missão do [...] Sabará com missionário franses como dos [Antoninhos] seguirão / pela Serra do [Pilares] e a outra xamada o [Casoca] que he da Capi/tania geral da Bahia, mas não se sabe com serteza que Comarca / pertensem pelas grandes distansias e dezertos que há, existem os mês/mos criminozos rebeldes sem serem ponidos e ainda para [o espiritual] / vivera alguns aly de natureza deyxando-se andar escomungados. //

(Fl. 222v)

Item que sahindo eu das Minas da dita Jacobina a buscar o Sertão do Rio de São / Francisco na era de 732 xeguei a hua povoação xamada o Pilão [or/cado] que he da parte da Capitania geral de Pernambuco, loguo axey / o Juiz da mesma povoasão com notáveis deshordens com hu Ca/pitão da hordenansa por este recadar ou segurar por hordem do Capitam / Mor do Certão do Cabarabô, os direitos que pertensião ao donativo Real que se / axavão em poder de hu thezourero com pouca seguransa; e se eu não / acodira a rebater-lhes as fúrias sucederia na ocazião muitas mortes / por respeito das parsialidades com vagamundos de parte a parte. /

Item que subindo eu pelo Rio de São Francisco assima pela parte da Capitania geral / da Bahia na mesma era de 732, axey que no termo da Villa de Jacobina / Comarca da Bahia havia sucedido que vindo hu Juiz das margens em re/cadasão das fazendas pertensente ao Tribunal dos Auzentes, e a / captivos, e suponho tãobem aos horfanos, o avansarão hus delin/quentes, em assuada com mais de doze homens armados, e lhe ma/tarão o escrivão, e a outro homem, e ferirão o Meyrinho e outros / que os quizerão defender, e o dito Juiz fogiu nu, queymarão-lhe / algus papéis, soltarão-lhe hus prezos, e roubarão-lhe os dinheiros que trazia; / deste cazo tirou-ce devassa mas não forão punidos os criminozos, e / alguns assistem no mesmo Rio de São Francisco, e outros se tem retirado / para as Minas dos Goyazes com que seja hu Antonio de Souza Mendonsa / em emsigne Ladrão. /

Item matarão a Manoel Gomes Nogueira, e a Manoel da Silva, e outro / que por nome não perca, e outros insultos, e mortes, que se tem feyto / que me não lembro os nomes, como tãobem por respeito de hua / negra cazada por nome Barbara, e se tem feyto três mortes; todos / estes malefisios se fazem no Rio de São Francisco, huns da Banda da Bahia / outros da parte de Pernambuco desde as Salinas xamadas as de / baxo, donde se faz o sal, the as Salinas de sima que huas e outras estão da / parte de Pernambuco. /

Item que nos Citios das ditas Salinas se ajunta grande numero de povo e entre eles muitos rebeldes vagamundos emsolentes alevantados fazendo / latrosinios, mortes e ferimentos, e assitindo eu na era de 732 e na / de 733 nas ditas Salinas de Sima, e evitando as roinas que se espri/mentarão os mais annos se atreveo hu Estevão Martinz [Rodrigues] [emsigne] / em [descadar] a convocar levantamento do povo contra mim, o que atalhey / por treta e industria, mas seguirão-me na minha retirada com tray/são e milagrozamente não cahi nela. //

(Fl. 223)

Item que o sobredito Agostinho Fernandes, susedendo no dito Brejo do Japoré faleser / hu morador deyxando herdeiro ou Testamenteyro aos seus Bens a este vi/olentamente com armas e sem authoridade de Justissa lhe foi o dito A/gostinho Fernandes tomar ditos Bens alem de outras emsolensias / que custuma fazer. /

Item que no Arrayal xamado dos Morrinhos no destrito do governo das Minas Gerais / Comarca do Serro do Frio mora hu Domingos do Prado de Oliveira, o qual vive / como regulo castigando escravos como tirano matando alguns em / os outros tratando mal os comboeyros, e canoeyros que andão pelo rio / e a hu mandou amarrar como a negro, fazendo-o de seu poder ab/suluto dar dinheiro e outras couzas muita que obra sem temor de Deos / nem de Justissa. /

Item que o mesmo Domingos do Prado está com a tutoria dos horfanos filhos / do defunto Genuario Cardozo e de sua molher tãobem já defunta / do qual cazal ficou grosso cabedal sem dar [quontas] há annos dos ditos / Bens tudo pelo temerem. /

Item que sucedeu no mesmo Arrayal dos Morrinhos, vindo hu homem da Bahia / o qual pelo nome não perca e trazendo hus escravos seus e cavallos / tudo lhe tomou Luis de Serqueira Brandão de seu puder absoluto fey/to regulo deixando o pobre homem espúrio, dizendo tudo lhe / tomava por hua divida que se devia a hu seu constituhinte que por / nome não perca, e sem termos Judiciaes com tudo se ficou, / isto já há algus annos que sucedeu. /

Item que no Citio xamado o Retiro de Estevão Rapozo no destrito do governador / das minas geraes, comarca do Serro do Frio susedeu matarem / hua bastarda em caza do dito Estevão Rapozo a espingarda do qual / tiro escapou o mesmo Rapozo milagrozamente e he voz e fama que o ti/ro sahio dos mesmos seus filhos xamados Mathias Cardozo e Francisca / Cardoza, por cuja razão contenuarão a matar ao dito Pay Rapozo / com veneno e dahy a pouco tempo se cazou a dita filha Francisca Car/doza com Pedro Cardozo e tudo se atabafou que não ouve crime al/gu para com a Justissa umana e nem sey que seguransa ouve nos Bens / dos outros Orfanos menores que ficarão ficando-lhes Bastante Cabedal / mas o dito Mathias Cardozo se retirou para huas fazendas que tem no Para/natinga e este cazo sucedeu na era de 733, que as testemunhas melhor tendo de / por havendo devassa. /

Item que no Arrayal das Pedras de Salvador Cardozo estrito do governador geral das Mi- // **(Fl. 223v)** das Minas Comarca do Serro do Frio tem susedido que a mayor par/te dos ouros que sahem das Minas dos Goyazes furtados aos [tributos] Reais / os passava a viúva do dito Salvador Cardozo xamada Maria / da Cruz comprando-os por baxo presso, para os vender por mais. /

Item que perto do dito Arrayal para sima junto a hua fazenda xamada / Ranxo da Pascoa se matarão, na era de 732 pouco mais ou me/nos coatro ou sinco homens, comboeyros para os roubarem de / bastante ouro que levavão e aly os enterrarão, e donde estão / as cruzes, dizendo-se os gentios brabos os matarão. /

Item que perto deste mesmo Arrayal roubarão a dous homens que sahião / das Minas dos Goyazes matando hu deles, e sumindo-se bastante / ouro que trazião dos cavallos do comboyo, fizerão recadassão os fi/lhos do dito Salvador Cardozo fazendo que se compadesiao do cazo / lastimozo, mas suponho que nem de hu nem de outro se tirarão / devassas e se acaso algua se tirou que duvido seria a contempla/são dos poderozos sem haver criminozo que se punisse. /

Item que no mesmo Arrayal de Salvador Cardozo matou hu mestisso es/cravo da caza a hu homem branco, dizendo que pelo axar com sua mo/

lher, e com efeyto hu filho do mesmo Salvador Cardozo Cleriguo do / abito de São Pedro xamado Manoel Cardozo, meteu em assoutes ri/gorozos a molher do dito mestisso, assoutando-a pellas partes ocul/tas com as suas próprias maons the que expirou a dita molher e o dito / Cleriguo não fez iscrupulo, e continua a dizer Missa, assim irregular. /

Item que outro filho de Salvador Cardoso, Sacerdote do abito de São Pedro / por usar de hua molher cazada que por nome não perca e morava com seu / marido em hua fazenda da mesma caza xamada a Capivara atirou / a espingarda ao dito Cleriguo o marido da molher, que por ser de / noute o errou, mas daly a poucos dias espirou o homem cazado di/zem que de veneno dado por mão da mulher, e não faz escrúpulo o Cle/rigo para dizer Missa. /

Item que o Capitão Mor Luiz de Cerqueira Brandão, morador na fazenda xamada o Gi/nipapo no Rio de São Francisco da parte que xamão de Pernambuco, no des/trito do gerais das Minas Gerais Comarca do Sabará tem feyto algus ma/lefisios, a mayor parte deles ocultos e dos que se sabem relatarey / os seguintes. /

Item que assoutou hu escravo que por nome não perca rigorozamente e lhe // **(Fl. 224)** e lhe cortou as orelhas, e lhe cortou os nervos do pés da parte de / detrás, e assim o estropiou dos pés, e o ferrou rigurozamente com as / marcas dos gados, e temendo-se o acuzasse o dito escravo dizem / o mandou matar e fosse ou não a morte o dito escravo não apa/reseu mais. /

Item que mandou assoutar no trazeiro a hu homem Branco e apareseu / outro em hua das suas fazendas ou de seu Pay axando-se morto / com a lingoa cortada e metida no lugar do membro viril, e o / membro cortado e metido na boca deste malefisio dizem me / se tirou devassa pelo Juiz do Papagayo, porem dizem-me que esta / se queymou por duzentos mil reis que se derão ao Escrivão que emtão / era e por nome não perca. /

Item que tomou no mesmo Citio, e fazenda do Ginipapo de seu puder ab/soluto huns escravos a hu homem que por nome não perca, e este / se calou por medo e dezertou destas partes. /

Item que o Mestre de Campo Manoel Rodrigues Suares tem obrado e obra como / Regulo mandando matar a muitos e a outros fazendo insolensias / tratando-se como aubsoluto sem reconheser suprior, e haven/do devassa geral se saberá dos muitos malefisios, como a morte / que imjustamente mandou fazer ao filho de Manoel Ferreyra da Silva. /

Item que junto ao Rio das Velhas na comarca do [...] diguo / na Comarca do Serro do Frio se axarão dous homens mortos / na era de 734, hu em hu Ribeirão que xamão de São Francisco outro / em hu Ribeirão que xamão das Almas alem de outros corpos mor/tos que dessem pellos Rios das Velhas e o de São Francisco no tempo das xeyas, sem se saber o de que morrem; como tãobem tem desido / algus cavallos mortos sellados e imfreados. /

Item que todos os malefisios aqui declarados e outros muitos de que não tenho / notisia, e os ande descobrir as devassas gerais com [imtimidassão] pois / que a mim so he a notisia que pude colher levado [...] levado do zelo do / Real Servisso; os fazem pessoas vagamundos por sy apoyados dos / ricos e poderozos e muitas vezes mandados por elles; e outros mandão os / muitos escravos que tem valentoins. /

Item que por falta de [nunqua] vir notisia imvidualmente dos governos Ge/rais deste estado do Brazil por ficar a muita distansia nas prassas // **(Fl. 224v)** nas prassas, em parte de sem, duzentas e mais legoas e por lhes não / hirem a notisia não sahem Menistros de vara Branca as devassas / gerais, e se se axa algum Official de Melicia zelozo do Real Ser/visso estes não dão parte pello risco que correm suas vidas a respeito / das trayssoins. /

Assim vivem a mayor parte dos moradores dos / Sertoins; a ley da natureza sem atenderem as cons/siensias, e fazendo muyta uzurpassão dos Bens alheyos; / prinsipalmente nas fazendos dos gados que estão pe/llas beyras das estradas por onde passão as boyadas / e Cavallarias magra, que tudo o que fica dos gados e / cavallos hus por cansados e outros por fugidos o uzurpão os assistentes nas ditas fazendas hus, por sy / e outros por hordem dos donos; e finalmente pela ma/yor parte os que mais furtão mais engrossão em ca/bedais; e como estes são mal adequeridos lhes em/fundem huns espíritos malinos e diabólicos. //

(Fl. 225)

Item que todas as sobreditas insolensias e cazos; raro he o que se tem ponido / por não haverem Justissas de vara branca; que os payzanos mandão das villas / hum comissário os quais não perseguem os vagamundos pelos os te/merem e suas trayssoins e não terem bens com que lhe pagem custas; e a/os ricos e poderozos menos perseguem porque tudo atabafão com / seus respeytos feytos regullos; e so alguns moradores que vivem em / mediano estado de cabedais, mansos e passificos, he que pagão por / as custas e despezas; e porque os governadores das Capitanias gerais / assistem muito longe, na distansia de sem, duzentas, e mais legoas / e assim não tem a notisia cabal para reformarem o necessário, que huns / lhe não dão por temor das trayssoins, e outros por parsiais aqueles / rebeloins. O que presistindo nas emsolensias e maos feytos. /

Item que no anno de 728 mandando o governador de Pernambuco Duarte Sudre / [Prtibao] ordens ao Capitão Mor da freyguezia de São Francisco do Rio Grande / do Sul, Manoel Leyte Peyxoto para que na dita freyguezia cobras/se o donativo; querendo dar exzecussão as ditas hordens lhe em/pedirão os moradores do Rio Grande para cujo efeyto ajuntarão hum

/ grande numero de gente, a mayor parte destas pessoas vagamundos / e o vierão buscar como levantamento de motim de povo fazendo-/ lhe por forsa aprezentar as ditas hordens, e de seu poder aub/soluto o dezarvorarão do posto, e nomearão Capitão Mor a / seu arbítrio como tãobem Juiz perpetuo, aubsu/lutos nomeassão de Sargento Mor, e Capitaens cujas nomeasso/ins fizerão lansar ao Tabeliam por forsa nos Livros do cartório / e depois de feyto tudo e retirado o Capitão Mor que desarvorarão / para sua caza tornarão a juntar novo trosso de gente para o irem / matar, o que não conseguirão pela muyta [prezença] do dito Capitão / Mor, e assim por não serem castigados os imsolentes; Já quando / na mesma povoassão do Rio Grande se criou hum Juiz o mesmo povo o / avansarão e tirando-lhe a vara da mão o meterão como / prezo em hua caza pondo-lhe sentinellas, e sem duvida o matou, que se as sentinellas o não deyxassem fugir por dinheiros que se lhe / deu, e fugido o dito Juiz se retirarão deyxando o cartório queymado. /

Item que pelos caminhos que seguem junto ao mesmo Rio de São Francisco se tirão muitos ou/ros furtados aos direytos Reais sem se poder ivitar este descaminho por / por cauza dos rebeldes darem o amparo dos régulos e falsos a Coroa //

(Fl. 225v)

Item que no Citio xamado a Palma junto ao Rio de São Francisco no destrito da Capita/nia de Pernambuco tem sucedido fazerem alguas mortes sem serem pu/nidos pellas Justissas e se declarão os seguintes: matarão tiranamente a hum / homem cazado, que por nome não perca por respeyto de sua molher; mata/rão a Manoel Coelho; matarão a hum crioulo forro por nome Francisco; ma/tarão a hum indio forro, que por nome não perca, e lhe cortarão a cabessa / botando-lhe o corpo pelo rio abaxo. E no citio e fazenda xamada / o riacho da banda da Bahia sumirão a hum homem cazado, que por nome / não perca ficando-lhes com sua molher. /

Item que entre a fazenda xamada o Riacho, e outra xamada a Canabraba / na beyra do Rio de São Francisco da parte da Capitania geral da Bahia, matarão / a hum comboeyro de fazenda cequa xamado João Alvares fazendo-lhe o cor/po em pedassos que foy nesessario ajuntarem-nos para o enterrar; e há voz e / fama que os delinqüentes lhe levarão melhor de sete mil cruzados, em dinheiro / que o dito comboeyro havia sahido do Arrayal das Pedras de Salvador / Cardozo que he no destrito da Capitania das Minas na Comarca do Serro / do Frio; e o seguirão hums iscravos de Pedro Cardozo passando publicamente pelas fazendas armados para o hirem matar como matarão / no destrito da Bahia. /

Item que na paragem xamada o Brejo grande do Japoré junto ao Rio de São Francisco / no destrito do governo das Minas, matou hum xamado Ajudante Manoel / dos Santos publicamente de dia a hum homem xamado

Jozé Rodrigues, e lhe / tomou huns escravos potensiosamente dizendo lhes tomava pelo defunto / lhos não ter paguo, e se recolheu o matador a caza e fazenda do Mestre de / Campo Atanazio de Cerqueyra adonde não foy ponido pela Justissa. /

Item que o dito morto havia comprado hum imgenho no mesmo Brejo do Japoré ao / Padre Miguel de Lima morador na Capitania geral da Bahia, e lhe havia o dito / defunto paguo parte delle; o dito Padre se tornou a apossar de seu poder ab/suluto e feyto regulo do dito imgenho, e tãobem de outros Bens que se axavão / do mesmo defunto em hua fazenda do mesmo Padre da parte da Bahia xamada / a Caxoeyra, e assim so se acomodou com hum tezoureiro comissário / do Juizo dos Aubzentes, o qual foy da povoassão de São Rumão Acu/mulados todos com hum Agostinho Fernandes sugeyto tãobem com o nome a/potentado, e assim se ajustarão com notável perjuizo nos Bens do dito / defunto e de seus herdeyros; o dito Padre vive como Regullo em muitas assoins que obra / acumulado com o Mestre de Campo Manoel Rodrigues Suares. //

Manuscritos do Brasil, IAN/PT/TT/MSBR-Livro 10, fls. 115-124

Isto, que naquelles tempos forão sucessos do Ceo, e da Terra; vemos tão bem hoje sucessos deste Governo das Minas; porque
não sendo novos nas Minas os quintos por bateas, por ser a
primeira creação que tiverão em seu principio; ainda, que com
m.to menos ordem; se fazem hoje q.do todos estes Povos, couza
tão nova, como todos os annos se fazem os quintos ha m.tos
mil annos criados; ou como q.do os de Cartago e Tritte dos
tempos sido os inventores [illegible]: qual seja a cauza
tão bem senão ignora, porq sendo a mudança a que causa
todas estas novidades, he sem duvida que se os q.tos fossem continuados no Mundo, e continuadas as guerras q. a-
cabou Cartago, e os quintos q. os mineiros neste Governo
desde o principio; não ouvera quem fizesse novidade daquillo em tão bem, e não teria El Rey N. S. perdido o grande
cabedal, que se lhe tem furtado, e estarias já os Povos acostumados a pagar este Tributo, sem que lhe custasse tanto; nem
tão bem precedido em tantos [illegible] commettidos, que
tudo tem causado as mudanças dos quintos por bateas, Caza
de Fundição, Moeda e barras, sem subsistencia em couza
alguã; e sendo se tem a [illegible] caminhos os Ladroes, q. fur-
tarem e fazerem os dez outros, que o tempo tem mostrado
e seria por mal acostumados os Povos sentirem pagar a El-
Rey o que lhe devem; podendo ha mais de quinze annos ter-se e-
vitado estes latrocinios com a mesma Capitação por bateas.
Cujo arbitrio por m.tos pareceres, ja então se representou a
S. Mag.de, por assim se acharem sem mais effeito, o que então
se apresentou em a Secretaria de Estado, sendo feita esta
Representação a El Rey, [illegible] que lhe offerece Manoel Nunes Vianna por seu Procurador, e não [illegible]
[illegible] as utilidades, que se offerecião a S. Mag.de [illegible]
[illegible] da Secretaria [illegible]
que [illegible] outras [illegible] materia, e que
tudo ficou em silencio.

Tãobem menos admira que os Povos desta extraordinaria Terra que
lhes parece novidade; porq. são as Republicas como o Corpo Humano, que gravado de hua emfermidade, se o Medico lhe apli-
ca o Remedio proprio, e proporcionado a d.a emfermidade, o abrande
e pouco a pouco com suavidade vai tirando, e se o Medico
quer com mais pressa conseguir a cura, e entra a variar de
Remedios, chega a debilitar a Natureza de Sorte, que quando
torna a aplicar o mesmo Remedio, que a Natureza em o
principio abraçava; com ella a cura acaba o emfermo a
vida, por achar a Natureza ja sem forças destruida, e a-
cabada.

Assim sucedia nestes Povos; e se não
fossem os Remedios aplicados por quem tem tanto Conhecimento ja das emfermidades deste Corpo; achando a Natureza do Emfermo ainda não tão dissipada, que se não
ache com suas irritancias contra as Medecinas, e principalmente os Membros mais certos, que como mais distantes do
Coração, e da Area, e ainda não combatidos dos effeitos dos
Remedios purgantes, se julgão m.to absolutos, e desordenados deli-
quentes ... os mais e Cavaleiros tãobem enfermos, e mais de [illegible]
nenhua emfermidade, porq. ainda a Lebra a sua Lida e mana
[illegible]; porq. seguião suas Humores, digo sua emfermidade dos Humores Biliosos e Reumaticos, e os outros
Membros somente da Melancolia, da qual estas ha m.tos
annos se tem curado com m.to ouro empos que meterão em si, por ser sem Remedio, que trazem os ... por
[illegible], e como a grande demazia deste Metal lhes tem
mercado tanto os estomagos, que tem passado a ed-tri-
cos, se quiz, e que a poder de Remedios purgantes com suavidade ... com ... lhes não
tirando as forças p.a poderem adquirir Saude, antes que de
todo lhes tire a Cabeça algum Carneiro, que de todo
faça algua [illegible] que tenha, e suas Remedio a cura
... ja de algumas Communidades tão promptas de Sem
razão.

Estes são os estr.os emque se acha este Enfermo, cuja Natureza, e
Suposto dizem m.tos que era conveniente mudar de Remedio, e
Cura, que de nenhua forma se pode aprovar; porq se esta ma-
nifestando, que na mudança de m.tas mezinhas, que tem avido
de Remedios sem Remedio, consiste o augm.to da Enfermidade.
Como he possivel ter o Enfermo Saude com tantas mudanças de Remedios sem ser aquelle, que ja neste Corpo fez a
Natureza, e que teve com elles principio em seu Nascimento
e Criação, e maioridade, q.e foi o d.o ElRey Legitimar o quintar o Ouro
que tirão os Mineiros, o Rey era Mestre, de ter [illegible]
por feitor de Casa Negra; de estarem as Minas cercadas
com sua Muralha, que o [illegible] ao seu [illegible] de outra forma o resultão como em todos os Remedios passados tem
mostrado a experiencia.

Precisados os Mineiros, que diz. he o exorbitante, as Minas
não dão ajuda de custo como ElRey despende com todos
os seus vassalos; nem ElRey ajuda apagar os gastos das guerras
grandes, que fazem as quais todas não Rendas, por serem [illegible]
e [illegible] sendo seu Rendimento, este que os justo attento
Despendo, que não se podia S. Mag.de que seus [illegible] com seus
vassallos a maior Razão, que está estabelecida, [illegible]
o não Resultarem, como [illegible] Rey saber [illegible]
ainda de seu [illegible] de Mais. Como [illegible] g.de Rey mostrar, que
Rey faz m.tos maiores [illegible] dos seus vassallos [illegible]
Despenda.

Averá dito he porq [illegible] estabelecer ElRey esta Capitação [illegible] saber as [illegible] rendião os seus quintos das
das Minas, e de todas as [illegible]
gora [illegible] não [illegible] poder encarregar [illegible]
bem, que [illegible] actualm.te as Consciencias [illegible] ElRey [illegible]
[illegible] forma [illegible] maior [illegible] com [illegible] com
[illegible] S. Mag.de com tanta [illegible] que não [illegible]
[illegible] do seu quinto; Mas ainda faz [illegible] seus Vassallos

117

o que naõ tem por obrigaçaõ, e mais do q̃ fazem aos seus Reys de
Espanha, e o alteraõ se, porq̃ o que ElRey de Espanha da de
adjutorio os seus vassallos naõ he por ajudallos a elles, mas
sim por se ajudar a si, e a sua Real Faz.da, porq̃ como he o
mesmo Real pode suprir tais q. despeza de tais serviços
a que os vassallos naõ podiaõ chegar, e tem ElRey tambem visto naõ podiaõ os vassallos tirar a prata q. El-
Rey ter o seu Comodo, he que toda esta ajuda desp. faz-
ja, e o mesmo pediaõ os vassallos dizer, q̃ ElRey os aju-
dava e os nossos Mineiros chegar este exemplo, q. do
ElRey de Espanha se tirar o seu quinto, e ElRey parecer do seu gosto; Como fazer a q̃ lavraõ, pode chamar
equidade, e menos allegar-se por exemplo. Negando abso-
lutam.te Como Superiores beneficios que lhe faz ElRey N.
S.r que Deus g.de, porq̃ he bem devida, que por Ley lhe
pertenciaõ os quintos dos Metaes, e na mesma Ley naõ
se mostra estaria obrigado a fazer despeza alguma em dar
aos vassallos ajuda de custo, e ainda isto assim Como
he, bem claro estamos vendo que ElRey tem Como coatro oitavas e tres quartos, naõ chega a tirar o quinto de trinta e tres oitavas; quando qualquer Mineiro novo a quatro
vintens por dia, em trezentos dias tira trinta e seis oitavas
q. pagando lhe se conta e seis dias livres q. dias santos e doenças; veiaõ agora os Mineiros q̃ tiraõ os negros Capazes que sempre achaõ de Cem oitavas por anno, o que
vay da ElRey livre quanto se os ajudaõ, e ElRey faz
elles q. de sua m.ce generalm.te, naõ sendo obrigado a fazerlhe a
descontandolhes por toda a ... os seus quintos.

Que ElRey se deve o seu quinto dos Metaes, e mais
tributos licitos, e mais por ... se ... tanto a elle
que o tem delles ser devidos q. diz ... naõ he
direito em q̃ lhe naõ pertencia; porq̃ q. da ... nesta
conta de exemplo, parece naõ pode aver q. lelle ne-

negarem por pretexto algum.

Refere S. João ———, que Mandando Cezar Augusto por hum Edito, ou Decreto Seu vaidozam.te alistar ao Mundo, entendendo, que este terminava seus fins nos ultimos Limites do Seu Imperio, viessem todos os seus vassalos a alistarse, ou Capitarse, por Cabeça, e pagarem Cada hum por si hum tantos Siclos: moeda daquelle tempo: Sucedeu, que aos Ecos daquelle Mandado, que muito fallava: e lo diu tão bem a Jerusalem a Virgem N. S.ra e Seu Esposo S. Joseph: a cuja chegada, por não aver com o concurso Lugar vago na Cidade, Se alcomodarão em o Portal, ou Prezepio de Belem donde teve o genero Humano a mayor felicidade, e com effeito Consta das Letras Sagradas, que não Se pagarão a N. S.ra por Si, e S. Joseph. Se não tão bem pello Menino Jezus Nosso Senhor, e agora vem Se a entender, que não vaidoza, mas Profetica m.te mandou Cezar alistar ao Mundo todo: porq avia alistarse por Seu Decreto o Rey de todos os Reys do Mundo, e o Creador do mesmo Mundo.

Chegou em Certa ocazião a por-se de Cada hum: ou mais Judeus Com sua tão forjada Malicia Como sua, e dizendo lhe que Se rendava tam.bem Com sua Moeda em q estava a Imagem, ou Effigie do Cezar estampada, e q tendo de pagar a Deus dizimo, e ao Cezar o tributo, ignorava q.m avia dar a moeda, e lhes foi Respondido, que Como tinha a Imagem, e a Reprezentação do Cezar, q Se desse a Cezar, e q a Deus devia o que era de Deus.

Admirame agora de ver nestes dias Cezar tantos, e tão gr.des prodigios, porq vejo e digo: Mandando Sede a Cezar o que he Seu Como são estes quintos, que tem a Sua Imagem pellas Dit.as Reprezentaçoens, e pelas emzertias dellas em todo o interior de seu Reino, e veio então a ser a desigualdade de seus Vassallos em pagar-lhes: Vejo mais em o primeiro Caso o Sermeduristo pagando a Capitação e o Clero e a Nobreza sem excepçaõ de ser Capitado, fazendo-se exemplo em sua propria pessoa, logo que nasce, e sendo a primeira Cousa, que ensinou por mostrar ao Mundo que naõ ha Vassallo, que por que tudo naõ deva satisfazer a seu Monarca os seus tributos, e então vejo, que naõ ha Mulato forro, nem Negro que se naõ admire de o fazerem pagar, quando poderaõ aver declaraçaõ em que tambem os Vassallos se capitem geralmente, naõ sendo ja Cousa nova no Mundo o que fica dito.

Assim da dos ficam tomados e de muitos mais exemplos que pudera trazer sobre o primeiro Caso com muitas authoridades de todas as Leys e Direitos mayores tendo mostrado que naõ só se bem estabelecida esta Capitação e propria para o milhor sucesso e bem dos Vassallos, e da utilidade da Real Fazenda, mas tambem, que a naõ pode haver duvidar tanto pela Conjuras, que do contrario se segue; Como porque naõ se acertando em cousa alguma firmemente, naõ pode aver nas minas nunca sucesso, nem se podem evitar os latrocinios da Fazenda de ElRey, nem dos particulares, de que tudo expendo o elemento ao discurso dos milhores entendimentos, por eu me naõ querer alargar muito em modo, que possa ser mais fastidioso; e assim me falta ainda fallar sobre o que he meu intento, e que ainda naõ tenho feito por ter somente fallado dos Mineiros em geral; sendo o meu projecto fallar de Cortas e suas Sutilezas.

Determinando Sua Magestade que Deus guarde que os Senhores de Ser

do Certão lhe paguem seus quintos como Comarquas da
Minas, diz que o Certão do Rio de S. Fran.co não pagão
quintos como Povos incluidos dentro das Comarqua
das Minas, e podes por obra a sua arrecadação. Tem
os ditos Povos duvidado tanto o satisfazelos que não
os tem satisfeitos, mas ainda nem os querem satisfazer, fundados em q a d.a determinação Real se não
pode de forma alguma como elles entender.

Porquanto

Dizem os m.tes que a Capitação Real som.te se deve
entender dos q.tos q. os Mineiros os pagarem, pois he do ouro que se extrahe da terra, e como elles não minerão nem
no Certão ha outros eff.tos mais que os seus gados vac-
cum, e cavallares, e outros eff.tos a este seg. q não
tem a com minerar, nem com isto tem connexão alguã,
que parece de forma nenhuã devem pagar, porq. de
todos este pagão nas Contagens os d.tos a cada genero, e que querendo-se que elles paguem quintos se deve levan-
tar as Contagens, pondo-as nos fins das Comarquas, porq
então se podem reputar por Mineiros, e não fazendo
satisfazer as Contagens dos seus generos, e ainda e juntamente pagar quintos como Mineiros não o sendo,
sendo a pagar os mais que aquelles a quem som.te devem
ser impostos.

Estes são as rezões e principais fundam.tos em q se fundão
estes Povos do Certão a quaes podendo quando tivessem
de merecer alguã duvida em a Real attenção de S. Mag.de
que Deus g.de sem duvida devião estes Povos manifestar-
las por requerim.to e não prorromper em tão grande
desatino, e excesso como se tem mostrado, muito do q-
ual se não podem estes Povos julgar leaes vassallos,
nem livrar de serem reputados, e castigados por
rebeldes, e insultuosos; porq ainda q queirão dizer ain-

vindo a Requerer Sua Justiça Se naõ fez Crivel esta ale-
vraçaõ, depois de terem Sido por varias propostas Seu
Requerim.to, e Sendo Respondidos, Como he notorio, in-
Sistindo em Sua Contumacia Sofrerem Morte; quer mais
e Latrocinios todos de Lictos de pr.a Cabeça, e Como estes
Saõ Som.te dalus do meu Sujeito Sobre elles he que dirá aquem
o Seu Gadem.te me parece Sobre esta Materia Com a mais possi-
vel brevidade tanto por naõ Ser prolixo, Como porque naõ
Sei Se terá alguã Cura de bem a Leito este meu parecer em
So me Leva o Zello do Real Serv.o de S. Mag.de que Ds. g.de e as
Juizo de Seus dominios, e vassallos Com todo, a Magestade a Leva
Vaçaõ de Seus Reais g.tos dando as Reais preços deveram pagar os
Povos de Certaõ o quinto, e o Remedio q. destes Com Suplicio a que
estaõ poucos Costumados, advertindo que tudo o que digo neste papel he tirado da experiencia do mesmo Certaõ, e averigu-
ados que nelle tenho feito, e pello que tenho tirado e ouvido
da propria boca dos moradores, e do Centro de Seus Coraçoens e
assim digo

Hé bem Sabido, e Sem duvida, que no Certaõ Se naõ
minera, mas nem por isto deixaraõ os Certanejos de tirar
athe agora todo o ouro que quizeraõ Com o Seu trabalho mas
taobem Levaraõ Sempre a ElRey os Seus quintos; de Sorte que
os mais moradores quizeraõ a o Superintendente da Caza da
Moeda Eugenio Freire de Andrade, que ainda naõ tinha
feito na Caza da moeda hum men de ouro, Tocando
tantos naquella Villa, e ao D.r Dom Lourenço de Almeida
Sendo Gov.r de Minas, que lhe dera a Caza da moeda em
Governo; Sobre o Sendo feito por ironia, certas figuras, que daquellas naõ dia Se nenhum Com ouro, mas vamos mais
ao principio.

Hé Sem duvida, que antes de Se descobrirem as Minas
Geraes no Piauhi hum boy Se dava de quinze tostoens, e hum
Cav.o no Sertaõ tres mil reis, e hoje Com dia Custa na
[illegible] qualquer Sendeiro doze mil reis, e mais, e qualquer

do Certão, se pagarem seus quintos como Comarcas das
Minas: diz que o Certão do Rio de S. Fran.co se paga de
quintos como Povos incluidos dentro das Comarcas
das Minas, e pode ser obra a sua educação. Tem
os ditos Povos duvidado tanto a satisfazellos que não
os os não tem satisfeitos, mas ainda nem os querem satisfazer, fundados em q. a d.a determinação Real se não
pode de forma alguma com elles entender.

Porquanto

Dizem os m.tos a esta m. que a Capitação Real som.te se deve
entender dos q. s.os os Mineiros os pagarem, pois he do ouro que se extrahe da terra, e como elles não minerão nem
no Certão ha outros eff.tos mais que os seus gados vacuns e cavallares, e outros, e eff.tos a este seus q. não
toca ao minerar, nem com isso tem conexão alguã
que parece de forma nenhuã devem pagar, porq. de
todos estes pagão nas Contagens o q. toca a cada genero, e que querendo-se que ellas paguem quintos, se lhe levan-
tem as Contagens pondo-as nos term.os das Comarcas, porq.
então se podem reputar por Mineiros, e não serem de
satisfazer as Contagens dos seus generos, e nes.o e juntamente pagar quintos como Mineiros não o sendo,
sendo a pagar mais que aquelles a quem som.te se devem
ser impostos.

Mas são as rezões e principaes fundam.tos em q. se fundão
estes Povos do Certão as quaes, sendo quando tivessem
de merecer alguã cura em a Real attenção de S. Mag.de
que Deus g.de, com duvida devião estes Povos manifestar-
lhas por requerim.to e não prorromper em hum tão grande
desatino e levante como se tem mostrado, muito depois pello
qual se não podem estes povos julgar leaes vassallos,
nem livres de serem reputados, e castigados por
rebeldes e insultuosos; porq. sendo q. queirão dizer ai-

lindas Requerer Sua Justiça Senaõ Ley Crivel esta deli-
beraçaõ, depois de terem S.ta por varias propostas Seu
Requerim.tos e sendo Respondidos, Como he notorio, em-
sistindo em sua Contumacia fizerem Morte; queimas
e latrocinios tudo de Sictos de pr.a Cabeça, e Como este
naõ Som.te dá uso do meu projecto sobre a Ley he que dirá o que
o Ordenam.to Ley. Meparece sobre esta Materia Com a mais possivel brevidade tanto por naõ ser prolixo, Como porq naõ
sei se terá a Sua Corra de Sem aleito este meu parecer, em
Só me leva o Zelo do Real Serv.o de S. Mag.de que Ds g.de e a
Sulego de Seus Dominios, e vassallos. Com boa Arreca-
daçaõ de Seus Reaes q.tos, dando as Leys porq devem pagar os
Reos de Extraviaõ o quinto, e os Remedios p.a estes com Supplicio a que
estaõ, porque Costumados; advertindo que tudo o que digo neste
papel he tirado p.la experiencia do mesmo Sertaõ, e averigu-
ados, que nelle tenho feito, e pello que tenho tirado, e ouvido
da propria boca dos moradores, e do dentro de Seus Coraçoẽs; e
assim digo

He bem Sabido, e sem duvida, que no Sertaõ Senaõ
Minera, mas nem por isso deixaraõ os Sertanejos de tirar
athe agora todo o ouro que quizeraõ Com o Seu Mag.o em
tanbem levaraõ Sempre a El Rey os Seus quintos; de Sorte que
m.tas vezes ouvi queixar ao Superintendente da Caza da
Moeda Eugenio Freire de Andrada, que ainda naõ tinha
feito na Caza da Moeda homem de Araçuahy, sendo
tantos naquella Villa, e o D.r Dom Lourenço de Almeida
que o Sup.el de Araçuahy, que he lá da Caza da Moeda dis-
correu; Notando muito por historia certos Sujeitos, que da-
quelles naõ hia lá nenhum Com ouro, mas uns poucos mais
principios.

He sem duvida, que antes de se descobrirem as Minas
Novas no Piauhy hum Boy dava dez quinze tostoens, e hum
Cav.o pela Serra tres mil reis, e hoje em dia custa na
Boa vista qualquer Sendeiro doze mil reis, e mais, e qualquer

dous cōy, e tres mil reis, e se tem duvida que quem for aos Minas gerais as Minas, e que pellos Certoins destas Comarquas compraõ os bois magros a quatro e cinco mil reis, e vendem ahy a porteira do Curral, e mais inferior a nove mil rs. por Cabeça, e levandoos as Minas, pagaõ as contagens sendo por m.to maiores preços, e q.do se fazia pellos dos dez mil rs. e menos sempre se tem m.ta conta por sempre levaõ de quatro athe dez seguro o lucro, e com o sadio descarregaõ, e compraõ os gados p.a meterem novas boyadas em q̃ tiraõ novos lucros.

Quanto a dizerem, que pagaõ Contagens de fabricantes, sendo verdade porq̃ suposto saõ elles os q̃ pagaõ a dos Contadores, os obrigaõ. Saõ os Mineiros os q̃ as pagaõ, porq̃ q.do os Comiss.os lhe vendem como naõ ignoraõ a da Contagem ja de Cara levaõ p.ta a Conta e o que podem ganhar tirada esta, e porq̃ saõ de vender, e q.do se ajustaõ no preço da sua Couza que levaõ, que pagaraõ tantos e quantos de Contagem. Logo naõ fallaõ verdade em q̃ as pagaõ, e devem sem duvida pagar quintos, por serem os q̃ mais levaõ e maior soma de ouro tiraõ das Minas em gados, e cav.os e outros generos, e os q̃ tem tirado a estas a maior soma de quintos, e das Minas a maior quantidade de ouro ha tantos annos, avendo sem estas p.a devermos como vaj de quatro mil reis p.a dez em hum boy, e de quatro digo de dez mil rs em hum cav.o q̃ leva certo de ouro, sem pagar as contagens, que querem dizer pagaõ.

Nem he menos q̃ averem de pagar aquelles que saõ cem delles mayormente os alcançados, des que sendo prohibida a extracçaõ de ouro em pó p.a fora das Minas em o tempo das Casas de fundiçaõ, e moeda, e barras, eraõ estes somente naõ saõ som.te transgressores do seu ouro que das Minas

12

ssimas tiranias por elles, e por fora dos destacam.tos mas tambem o d'Aldeia, deixa por devoção em cada Fregz.a hum dedicado com negros, e elles atrelados prontos q. man-
datem por campos [illegible] a todos os [illegible]
[illegible] q. [illegible], e mais q. [illegible] metendo na cabeça aos [illegible]
dados mil quimeras, e almocellando os em avisos no-
ticia de hum convitejo q. [illegible] q. q. elles o manda-
rem passar por outra, e a vista d'isto parece [illegible]
deve de reincarregar as consciencias, e de que assim
o que [illegible] justos pelo contr.o [illegible] não há maiores [illegible]
ras no Mundo como são estes Homens por matado-
res e roubadores. Sendo El Rei aquelle [illegible] mais [illegible]
isto se entende no maior q. dos Senhores de Fazendas
que não há nenhum por mais justo, que pareça, que não
mereça [illegible], [illegible] Santos, e com
os Demonios. Sem mais de Homens, e [illegible] mais que
[illegible] forma, e de catholicos tendo [illegible] Leis a potencia

[illegible] pagar quintos por sujeitallos, q. não
[illegible] El Rei e suas justiças e [illegible]
a [illegible] sendo o matar, e furtar por [illegible]
por [illegible] como [illegible] por serem perjuros. E uns por
medo dos [illegible] q. os não matem e outros por falta
de temor de Deus e de El Rei. Sendo [illegible] mais premitido
Homens [illegible] nesta terra. Advertindo que o tirão
da [illegible] fatal diluvio a temos em o Genesis, e não foi
tão fatal castigo por outra causa mais, que porque
havia gigantes sobre a terra, e estes erão os varoens
potentes, e famozos do seculo, e de Deus os não quer, e
com elles não [illegible] mais que [illegible] em diluvio de
[illegible] como poderá El Rei com elles sem diluvios
de fogo e de sangue, e de [illegible] que El Rei [illegible]
[illegible] de pobres e indigentes, que [illegible], e
[illegible] Esta pobre e mal [illegible] de
[illegible] e temido, e quanto mais [illegible] mais

os querem sugeitar com tributos tanto p.ª acrescentar a El Rey
Sua Real Corôa, como p.ª o Ver sugeitar estes Povos tão
Rebeldes, e q.ª salvarão destes mesmos Povos: porq. com o pe-
cado de sacudir se não podem salvar, e p.los Sacd.es Comão
de S.to Thomas tãobem se não podem salvar sem resti-
tuir o alheio, e assim não se nestas Comarcas deve-
rem Tributos se não tãobem pellas mais do Brazil q.ª
Concederem a Sua Rey Dn.º os não pagão, ou os pagão
em forma, que os não sentem.

NEm pareça este meu parecer desatinado: porq.
não sou ellemo a Deus, e bem vejo, que lá tãobem m.ta
e m.ta pobreza, que apenas tem que comer, e outros vivem de esmollas; porem em tal caso bem prudente he
quem manda, e pague o Pobre como Pobre, e o Rico como Rico, p.ª se conhecer a Deus, e a El Rey q. estes Povos
não conhecem, e se não reparemos em q. se Deus nos da
os trabalhos: não he porq. Deus seia iniquo, e cruel, mas
antes Pai de Mizericordia, mas dá-nos os trabalhos p.ª
o Conhecermos, e ao Rey Som.te se conhece pellos tributos
advertindo tãobem, que dando Deus a de Ilando o fatal diluvio com.te se queixa dos grandes, mas com tudo tãobem
os pequenos o pagarão, e elle em Deus tempos d'exemplo tão
seta estremado, que El Rey faça o mesmo p.ª castigo
da Soberba de tantos coutos e maioral. [illegible]
de os pequenos são menos sugeitos, e mais absolutos
que os grandes, pella falta de Sar.ta em algumas cla-
sses [illegible]

Todas as fatalidades sobreditas nascem segundo [illegible] se são este-
[illegible] de Cartas sem Conquistas de [illegible], que p.ª estas
[illegible] tomou athe agora [illegible] por [illegible]
[illegible] por [illegible], e estudarem [illegible]
sem [illegible] outros, por [illegible] e matadores, com-
[illegible] por [illegible] [illegible] [illegible], e outros por [illegible]

e diferentes Cauzas sem aver nenhua de virtude; tudo gente
em fim sem Criação, Mais que aquella, que tem Com Reys,
Cavallos de cuja politica se sabem uzar, contra-
riando Como fazem todo o Homem, que por ali te-
são Com outro trato e outras Leys, e em tal forma
que não acha molestia Comodo, p.ª tratar da vida do homem, q não da sinais de malfeitor: porq se desda
de sem Criado, os notifiquão Logo p.ª passar adiante
porq Somente se servem dos mais p.ª Seus insultos, e se
farem temidos: Estes não fora mau tirar
sem duvida destes Ser p.ª não p.ª mandar p.ª a Colonia,
ou Angolla, mas sim p.ª povoar a quella Ilha deser-
ta; porq mandallos p.ª a Colonia he dar ajuda aos
Inimigos, e p.ª Angolla, he destruhir a terra e o seu
Comercio Como ja naquella se fizerão os Siganos,
que tão bem nesta Brazil não tem dado pequeno de-
trimento, sendo fatalid.e gr.de que de Portugal aos homens Honrados, que deverião vir tratar da vida ao Brazil [illegible] vir escondidos e Com passapor-
tes, e aos delinquentes malfeitores se premeam os
delictos Com mandallos p.ª qua Com nome de de-
gradados: Devendo-se estes Com todas estas gentes povoar a Ilha de [illegible] no Mar do Sul huã das
Maiores do Mundo cuja pequena despeza em poucos
annos teria Sua Mag.de hum gr.de Imperio de q poderia ter
m.tos Milhões de renda, e mais filhos destes, e immensi-
dade de moradores de Portugal, e desta America a
gente pobre, e m.tas Casas das Ilhas tiradas todos
os annos, ter Sua Mag.de infinito numero de vassallos
Leaes, e não demandar esta Canalha a Colonia donde
pella maior parte [illegible] fome fazem p.ª Espanha por
ser terra firme, e abundante e não Ilha não podem
fazer por não terem modo de a transportar [illegible]
[illegible] Reis Luiz decimo quarto de França se fazer

se fazer senhor de seus vassallos, e os dominar Principes
Soberanos, com mais Mag.de que seus antecessores; não he
novo que usavão de Meyos em Meyos de sahir do Reino com
Soldadescas, pertendidos de Levantes p.a outras Praças, so afim
de intimidar os Rebeldes Paizanos. Maxima de que
sem duvida se deve usar com estes Certões p.a poderem o-
domesticar, tratando-os com Justiças, e Soldadescas de
Meyos em Meyos, e se possivel for pondo em cada qual
sua Fortaleza, e em cada Legoa hum Menistro; porq' se
assim se sujeitarão de todo e serão obedientes porq'
de outra forma não he possivel, porq' Canalha semi-
lhante anão ha no Mundo todo; sendo a maior galhar-
dia dos donos das Fazendas proteger Ladrões e matadores, dos q' se utilizão em seu serviço. quiçá porq' elles
forão e são do mesmo modo, e tiverão a mesma Lei de
e de forma nenhuma deve aver nos ditos Certões Juizes ordinarios; porq' como são dos mesmos Paizanos consentem
de ratinos os Fazendeiros tão bem com mais largo animo
com a lagoa de Menistros, e me pareceria acertado cons-
tituhir nos Certões destas duas Comarcas dois ou tres
intendentes p.a a arrecadação dos Reaes Q.tos certos nos
seus destrictos com Jurisdicção ordinaria p.a não faltar
aos ditos a Justiça dos seus Cercados pouquas pellas insolencias
que se fazerem, e grandes distancias das Cabeças das Comarcas
adonde todos deixão de hir; huns por pobreza e outros
por medo dos ditos, e outros por terem a tiração de ferro,
que se por não haverem justiças perderão muito, e tem
perturbado, e he m.to conveniente, que estes sendo sempre
são sempre a V.Ex.a contra elles Soberanos por seus ordens, e q' recomende aos Menistros, que aos ditos os go-
vernem com toda a suavidade, p.a que tomando elles
a V.Ex.a, e vendo que os Menistros mostrão não que-
rerem destruhir, abrasem com amor a Justiça, e se
deixem pacificamente governar, e he m.to necessario que

que os Ministros, que p.a Lettras se elegerem tenhão m.to de prudentes; m.to de valerosos; m.to de sabios, e m.to de astuciozos, e de m.to modo, e industria quanta he necess.a p.a amansar, e domesticar Naturezas ferinas; e os do Contt.o He não poderá ser bem sem alteraçoens gr.des e inimizades como Eu, e experimentey na altr.a dos [illegible] passados por estas t.ras, aquel [illegible] André Alv.a de Carvalho com sua prudencia [illegible] e com m.ta cautella, sem alaita, e com seus soldados, que no seu proceder mais parecião Relligiozos, que soldados. Deixousse não [illegible] a [illegible] de alguns, pe-llas recommendadas as quais se fizerão com tanta soberania e absolutas, que por escritos, que se esperavão [illegible] a opportunidade do tempo. Não deixarão de introduzir alguns [illegible] já de certa, que he o que [illegible] de [illegible], que apenas souberão toda sua vida governar com sua aguilhada hum lote de gado, dizendosse, que o Rey mandava tirar os seus quintos, e não se [illegible] p.a o Rey pagar [illegible] estas m.as, e menos [illegible] [illegible] Aquista [illegible] de que dize [illegible] p.a este fim, quem tenha de Lettras bastante [illegible] porq. há huns homens q. Deus criou p.a servir, e não p.a mandar, assim como criou outros p.a mandar, e não p.a servir. Mas seguindo o meu projecto:

Não he sem duvida, que a entrando os [illegible] de Lettras sem [illegible] em [illegible] tão gr.des como se [illegible], e sem sem duvida, que [illegible] os [illegible] da fazenda que [illegible] aquellas [illegible] feito tão gr.des subleuaçoes, [illegible] para se [illegible] de si o cargo congente, que não tem que perder, e de [illegible] [illegible] nem de crer; porq. também se sem duvida, que todas estas [illegible] nos [illegible] fazendeiros agregados, e delles se sustentaõ, e vivem, e se lhes

dispertarem este deratino, ou os animarem a isso o naõ

fariaõ: Logo naõ foi a causa, e sim os Snr[es] de fazendas.

A Mais eu acho na terra do Rio das Velhas logo que se soube

começavaõ os p[es] de Certaõ, ou p[o] motivo deles estando ja postos os

Editais, e o Dr. Ouv[or] entrando a obrar; hé esta hia

tal repugnancia nos fazendeiros; ou donos das fa-

zendas aquelles que apartam se deriaõ lhes era mais facil

deixar as fazendas, que pagar quintos. Logo o Rey, e

naõ os que naõ tem de que pagar saõ os agressores desta

maldade.

Dise ao ... que foi a terra do Rio das Velhas, foi a dia

do Juiz Ordin[o] do Papagaio a tirar devassa de devassa

... e lhe feitas de todos sabidas e das quais ...

soubemos muito bem a forma em que foraõ feitas, e elegendo

a do lugar, naõ ouve quem jurasse contra os ... e antes de-

lado com tudo eraõ ditos, ou ignorancias, e pergun-

tando eu a alguns a causa porque se lhe recusavaõ tantos

segredos contra a consciencia, e preceitos da Ley de Deus me

responderaõ, que se vinha a saber m[tas] vezes as acçoins jur-

radas as t[es] pellos Juizes, ou pellos Escrivaens, que todos

eraõ am[os], ou por d[o], e que quando m[to] dependidos estes

naõ lhe escria hum tiro de pé de hum paulo

Logo se deve dizer que quando este tanto

temor dos fazendeiros por taõ poucos se elles os naõ

consentissem; naõ intentariaõ contra as ordens de S.

Mag[de] taõ gr[de] desatino, porq se fas incrivel consi-

derar a esta plebe, e a esta canalha timorata por taõ

pequena causa dos fazend[ros], e naõ o fazerem por taõ

atros culpa contra el Rey se elles naõ metessem a

sobre a caminho

123

Istimam.te perguntandosse a Certo Senhor de faz.da adonde
Se achavaõ os Soldados nap.s Dizendo que Seriaõ
Respondeu: os Negros acaõ la na barra e os Negros vem
chegando a barra; de Sorte, que todos eraõ Negros
os Soldados por necessidade, e naõ auer outro Remedio, e os amotinados porq. parece Se deviaõ.

Logo he Sem duvida que assim Como foy
de todos eraõ Negros Sem Explicaçaõ taõ bem foy
os Mais assim Como elle q. El.Rey m.de porq. aquelles
que Se mostraõ Zellosos e affeitos ao Serviço de
El Rey dizem isto, e fallaõ pella palavra dos Negros
milhor: ou q. quizer dizer m.to pior o faraõ os
Mais, e he Sem duvida Se diga, que elles Saõ os primeiros
Xeraõ as agoas

A Vista dos Referidos Sinthomas me parece Se fica naõ
So Conhecida a enfermidade deste Corpo mas taõ bem
que Sendo os membros ordinarios os que Se achaõ grave-
m.te enfermos lhes provem estes a Causa e a natura-
lidade dos Principaes e assim a Cabeça Ser m.to Conveniente Se mandem Com os Ministros que Dizo alguns
destacam.tos de Soldados Pagos mais necess.os e que
pareçe estar prompta p.a qualquer ministro delles Se
poder fazer Respeitar e ja que os g.dos delictos
a meu ver p.a Conjecturas Referidas saõ os q. Se fizeraõ taõ inauditos, e taõ justo que elles mesmos
o Remedeem ao desconfiados fazendo Grave Castigo
p.a Se Corrigirem os mais com Receyo, a Sugeita
direcçaõ &.

Parecia me que Escrevendo S. Ex.a huã Carta a
Cada hum dos moradores da faz.da das Pag.s em
Se Acharem Sugeitos a Repucencia de Servir e athe em

Em Como havia prezunçoens de serem elles os que davaõ algum Calor ao Povo Levantado, e Atiravaõ, p.a que fizessem os motins que fizeraõ, e Como Poços Seriaõ Capazes por entender das Leys fatuidades de S. Mag.e El Rey ordenava p.a inferir os que havendo lá, que dentro de Certo ter.o se [illegible] Sem de sua fazenda p.a Povoado de donde logo mandariaõ Certidoens tendo Sem.te Com as familias precizas p.a seu Serviço, pena de naõ o fazendo no d.o termo serem os aver por Comvencidos e declarados Rebeldes, e amotinadores do Levante passado, e se proceder Contra elles Com prizaõ, e Comfiscaçaõ de bens.

Em esta notificação se seguem estes fins: a saber que vendo-se estes homens notificados p.a a retirada se julgaõ perdidos, porq. a fazenda fica por mãos alheas, e elles antes querem morrer, que sair della, e mais considerando que nellas passaõ com segurança e liberdade, e nos Povoados elles naõ a hão de ter, p.a o que naõ lhes vale nada nem hum desp.o algum. E se saõ desde logo se julgaõ Comfiscados, e presos, e de toda perdida a sujeiçaõ, logo haõ de acudir com justiça e [illegible] contrario com elles a effectuar, e elles se obrigaraõ a fazer fomentos de motins, e mais contr.a ficando de saida de sujeiçaõ a justiça que dizes: e conduzindo-se delles de vagar p.a a execuçaõ e Exame dos Cabeças do Levante porq. se assim poderá mais haver q.m jure a verdade, como ser assim nem se tiraraõ nunca aproveito, e todas as mais sem motins, e elles faraõ grandes defezas com soldadesca, e Cavallaria sendo que seria possivel, que nenhum se intendente possa fazer de tantos Certos sua cobrança taõ gr.de sem m.ta Comfusaõ e a maior despeza, e como a elles, ou parte dellas a Paizana, ou Paizanos, se longamente a mais, p.a dos Crim-

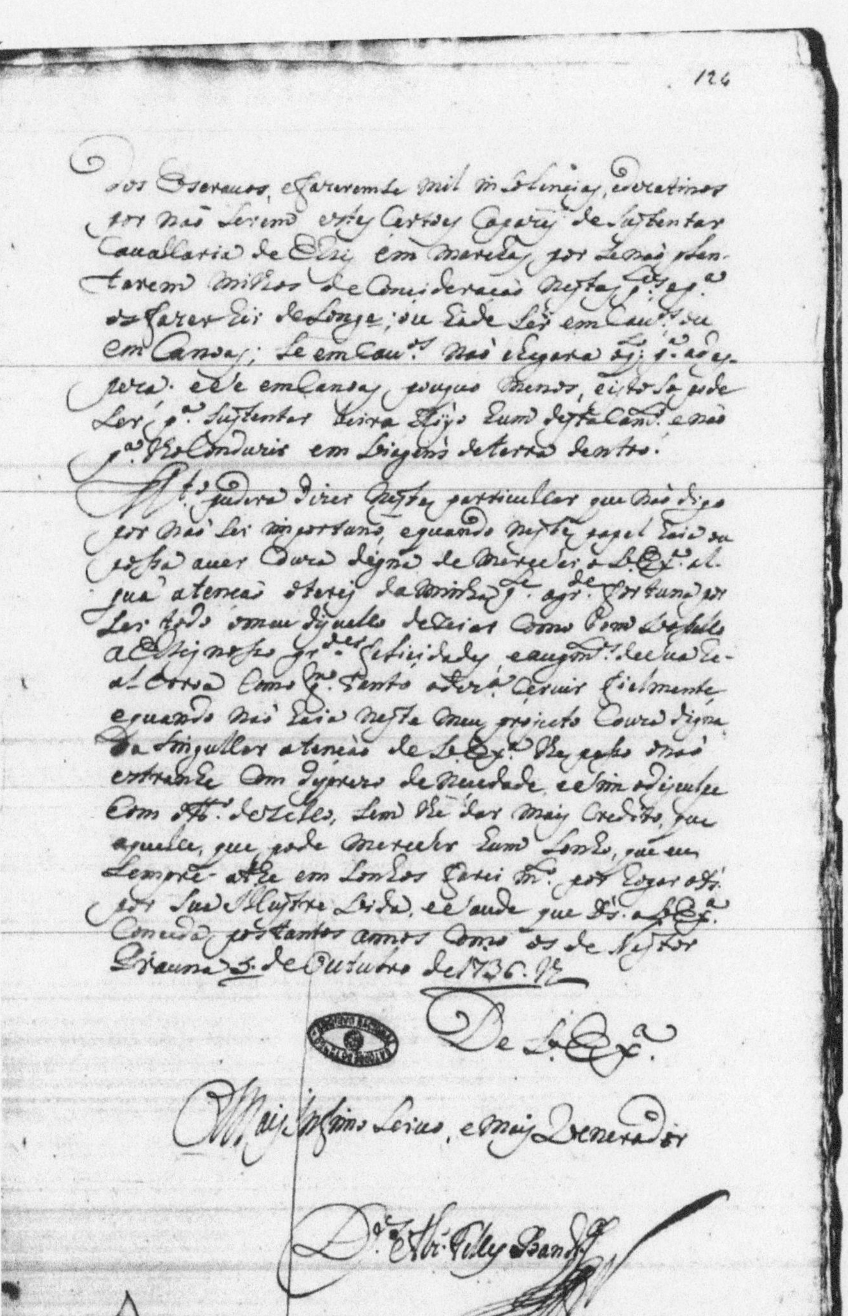

Manuscritos do Brasil, IAN/PT/TT/MSBR/Livro 10, fls. 115-124

(Fl. 115)

Senhor,

Em o principio Criou Deos o Ceu, e a Terra, e podendo com hum so / Fiat Consumar a obra com a mayor perfeição; lhe foi necessário gas/ tar nella seis dias, e não com pequeno trabalho; porque dis o texto / que ao sétimo dia descansara de toda a obra, e he certo, que todo / trabalho se descanse quando chega a sahir a obra prefeita, muito a / medida do disvello de quem trabalha, e he de saber, que criando / Deus em o principio todas as couzas, nem por isso deichão de ser / novas, todos os annos as mesmas; e ahinda os mesmos annos / porque sempre chamamos aos annos novos, aos fructos novos, / e tudo para nós he novo, o que não só se dará se todas as couzas / fossem continuadas sem interrupssão de tempo entre hums, e / outros. /

Em as grandes guerras, que os Cartaginezes tiveram com notável / demonstração de seu grande vallor: inventarão entre os mais / Artificios bélicos, aquelle famozo [Ariete] de metal, Ins/trumento de bater os muros das Cidades fortes, e Famozas, e so/sedendo estabeleserem estes Azes com as Nações suas Inimi/gas; ao cabo de muitos annos novamente [Rota] a Guerra, e não esquecidos seus inimigos de tão medonha stratagema; Ani/ mando o mesmo Ariete aos [mares] de Cartago; foi para os mes/mos Inventores este Instrumento de tanto Orror, que já es/quecidos daquillo mesmo de que tinhão sido os Inventores / lhes paresia couza nova. /

Não há mayor trabalho em o Mundo do que se o mandar ; e muito / mais o de saber mandar; porque quando se manda e sabe mandar; hin/da que seja grande o trabalho, tudo se hé perfeito; hinda que lhe / chegarão a dar trabalho de que descansou ao dia Septimo, / porque quando as couzas, que se fazem de novo são a satisfa/ção de quem as faz; logo ao trabalho se segue ao descansso. //

(Fl. 115v)

Isto que naquelles tempos forão successos do Céu, e da Terra; vemos tãobem hoje sucessos deste Governo das Minnas; porque / não sendo novos nas Minnas os quintos por bateas, por ser a / primeira criação que tiverão em seu principio; hinda que com / muito menos hordem; se fazem hoje para todos estes Povos, couza / tão nova, como todos os annos se fazem os fruitos há muitos / mil annos Criados; ou como para os de Cartago o Ariete de que / tinhão sido os Inventores belicozos: qual seja a cauza / tãobem se não ignora, porque sendo a mudança a que cauza / todas estas novidades, he sem duvida que se os fruitos fos/sem continuados no Mundo, e continuadas as Guerras para a fa/moza Cartago, e os quintos para os Mineiros neste Governo / desde o principio, não ouvera quem fizesse novidade daqui/llo em que a não há, e não teria El Rey Nosso Senhor perdido o grande / cabedal, que se lhe tem furtado, e estarião já os Povos Costu/mados a pagar este Tributo; sem que hoje lhe custasse tanto; nem / tivessem prerompido em tantos dezatinos cometido, o que / tudo tem cauzado as mudanças dos quintos por bateas, cazas / de fundição, moedas e barras sem subsistência em couza / algua; abrindo-se sem vontade caminho para ladrões para fur/tarem, e fazerem os grandes roubos, que o tempo tem mostrado, / e hoje por mal acostumados os Povos sentirem pagar a El / Rey o que lhe devem, podendo há mais de ter-se e/vitado estes latrocinios com a mesma Capitação por bateas, / cujo Arbitrio por muitos pareseres já então se reprezentava / Sua Magestade por alguns vassallos sem aver effeito, o que então / sei, e prezenciei em a Secretaria de Estado, sendo feita esta / Reprezentação a El Rey por hum papel, que lhe ofereseu Ma/noel Nunes Vianna, por seu Procurador, e não me paresendo / mal as utilidades, que se offeresião a Sua Magestade, me respondeu / hum Official da Secretaria das Merces Jheronymo Godinho, / que por outras pessoas avião falado na mesma matéria, que / tudo estava em cilencio. // **(Fl. 116)** Tãobem me não admira que os Povos agora estranhem esta que / lhes parese novidade, porque são as Republicas como o Corpo Hu/mano, que gravado de huma enfermidade, se o Medico lhe apli/ca o Remedio próprio, e porpocionado a dita enfermidade o abrassa / e pouquo a pouquo com suavidade vay obrando, e se o Medico / quer com mais preça consumar a cura, e entra a variar de / Remédios; chega a debilitar a natureza de sorte, que quando / torna a apliquar o mesmo remédio, que a natureza em o / principio a abrasava, com ela as vezes, acaba o enfermo a / vida por achar a Natureza já sem forças destrohida, e a/cabada. / Assim sosederia no prezente cazo a estes Povos se não / fossem os remédios aplicados por quem tem tanto conheci/mento, já das enfermidades deste Corpo; achando a Natu/reza do Inferno; hinda não tão dissipada, que se não / ache com suas irritancias contra as Medecinas, e principal/mente os Membros deste Certão; que como mais distantes do / coração, e da Area, e hinda não combatidos dos effeitos dos / Remedios Purgantes, se julgão muito absolutos, e Senhores de Si / quando eu os vejo e concidero tãobem infermos, e não de pi/quena, porque hinda labora a sua vida em ma/yor perigo; porque pequão seus Humores, digo sua Infermida/de nos Humores Colericos e Fleumaticos, e os outros / Membros somente na Melancolia, da qual estes há muitos / annos se tem curado com o muito ouro em póo que mete/rão em si por ser hum remédio, que trazem os [A. I.] por / efiquos, e como a grande demazia deste metal lhes tem / inervado tanto os estômagos, que tem passados acoleri/cos, he justo, que a puder de

Remedios Purgantes com su/avidade; ou com excesso, sendo necessário, se lhes vão / tirando as fezes, para puderem adquirir saúde, antes que de / todo lhes suba a cabeça algum fernezi, e que de todo / fação alguma louquisse, que tenha pouquo remédio a cura, / e maiormente quando já de louquos tem dado huma tão grande dem/onstração. // **(Fl. 116v)** Estes são os termos, em que se acha este Infermo, e a sua natureza, e / suposto dizem muitos que era conviente mudar de Remedio; he / couza, que de nenhua forma se pode aprovar, porque se estamos / vendo, que na mudança, ou muitas mudanças, que tem avido / de Remedios sem Remedio, consiste o augmento da Infermidade, / como he possível ter o Infemo saúde com tantas mudan/cas de Remedios, sem que seja aquelle, que já neste corpo foi primeira / natureza e que teve com elle principio em seu Nascimento, / Criação, e maiormente quando para El Rey ligitimamente quintar o Ouro / que tirão os Mineiros lhes era necessário, ou ter hum [Arigo] / por feitor de cada Negro, ou estarem as Minnas cerradas / com huma Muralha, que chegasse the ao seu, pois de outra for/ma o Roubão como em todos os Remedios passados tem / mostrado a experiencia. /

Queixão-se os Mineiros que El Rey lhes / não dá ajuda de custo, como El Rey da Espanha em Potosi, / a seus Vassallos, nem lhes ajuda a pagar os gastos, e despezas / grandes, que fazem os quaes todos não Registo, por serem sabidos / e paresendo ser Racionavel, este que eu julgo atentado / Respondo que não se pode Sua Magestade, que Deus guarde, chegar com seus / Vassallos a maior Rezão, que a prezente estabelecida, tanto para / o não roubarem, como para lhes salvar as consciências do que / hinda lhe levão de mais, como tãobem para lhes mostrar, que / lhes faz muitos maiores equidades do que a seus Vassallos El Rey de / Espanha. /

A razão disto he porque o não estabeleser El Rey esta Capita/ção era nunqua saber o que lhe rendião os seus quintos des/tas Minnas, e era todas as oras o estarem roubando, o que a/gora lhes não he fácil, e não podem encarregar nestes rou/bos, que fazião actualmente as conciências por se lhes evitar des/ta forma os meyos de seus encargos, avendo-se contudo com / elles Sua Magestade com tanta moderação, que não so se não satis/faz ahinda do seu quinto, mas ahinda faz os seus Vassallos // **(Fl. 117)** o que não tem por obrigação, e mais do que faz aos seus El Rey de / Espanha, e a rezão he porque El Rey de Espanha da de / adjutório a seus Vassallos, não he por ajuda-los a elles, mas / sim por se ajudar a Si, e sua Real Fazenda, porque com o Seo / braço Real pode suprir tão grande despezas de tais cerviços / a que os Vassallos não podião chegar, e sem o Rey se me/ter nisto, não podião os Vassallos tirar a prata, para El / Rey ter o seu cômodo he que lhe da esta ajuda de que se pa/ga, e so meramente podião os Vassallos dizer, que El Rey os aju/dava, e os nossos Mineiros alegar este exemplo, quando

/ El Rey de Espanha se tirasse o seu quinto, e se não pa/gasse do seu gasto, como se paga, o que se não pode chamar / equidade, e menos alegar-se por exemplo, negando abso/lutamente como ingratos o beneficio que lhe faz El Rey Nos/so Senhor, que Deus guarde, porque he sem duvida que por Ley lhe / pertencem os quintos dos Nataes, e na mesma Ley não / se mostra esteja obrigado a fazer despeza algua, ou dar / aos Vassallos ajuda de custo, e sendo isto assim como / he bem claro, estamos vendo, que El Rey somente com coa/tro oitavas, e três coartos, não chega a tirar o quinto de vin/te, e sinco oitavas, quando a qualquer Moleque novo a coatro / vinténs, por dia em trezentos dias tira trinta e seis oitavas / fiquando-lhe sesenta e seis dias livres para Dias Santos e doen/ças. Vejão agora os Mineiros o que tirão os Negros capa/zes, que sempre passa de cem oitavas por anno, o que / lhes da El Rey livre, e verão se os ajuda, e se lhes faz / hua grande mercê geralmente, não sendo obrigado a fazer-lha, e / devendo-se-lhe por toda a Ley os seus quintos. /

Que ao Rey se deva os seus quintos dos metaes, mais / tributos lícitos, e necessarios se sem duvida tanto assim, / que alem de lhe ser devidos pelo Direito do Reino, não há / Direito porque lhe não pertenção, porque quando Jezus Christo nos da / em Si o exemplo, paresse o não pode aver para se lhe ne- **(Fl. 117v)** negarem por pretexto algum. /

Refere São João – que mandando Cezar Augusto / por hum Edito, ou Decreto seu vaidozamente a Listar ao Mun/do, entendendo que este terminava seus fins nos últimos / Limites do seu Imperio, vierão todos os seus Vassallos a a/listar-se, ou capitar-se por cabeça para pagarem cada hum / por si huns tantos siclos, moedas daquelle tempo, soce/deu, que aos Ecos daquelle Mandado, que mudamente fa/lava, acodiu tãobem em Jeruzalem a Virgem Senhora e o Glo/riozo São Jozeph, a cuja chegada por não aver com o con/curso, lugar vago na cidade, se acomodarão em o Por/tal, ou Prezepio de Belem donde teve o gênero Humano / a maior felicidade, e com effeito consta das Letras Sagra/das, que não só pagara a Senhora por si, e São Jozeph, se não / tãobem pelo menino resem nascido, e agora venho / a entender, que não vaidoza, mas profeticamente mandou / Cezar mandou alistar ao Mundo todo, porque avia alistar-se por / seu Vassallo o Rey de todos os Reys do Mundo, e o Creador / do mesmo Mundo. /

Chegou em certa ocazião a prezença de Christo hum, ou mais / Judeus com huma tão forjada malicia como sua, e dizendo-lhe / que se achava somente com hua moeda em que estava a imagem, / ou Efígie de Cezar, estampada, e que tendo de pagar a Deus o Di/zimo, e ao Cezar o tributo, ignorava a quem iria dar a moe/da, e lhe foi respondido, que como a Imagem e Re/prezentação do Cezar, que a desse a Cezar, e que a Deus daria / o que era de Deus. Ademira-me a mim agoraaver nestes dois cazos, tantos, / e tão grandes prodígios, porque veio a Christo mandando se de a / Cezar o que he seu, como são estes quintos, que tem a sua / Imagem pello Direito de Reprezentação, e posse em que estão delles // **(Fl. 118)** Como Senhor de seu Reino, e veio então a grande repugnância / de seus Vassallos em pagar-lhos. Veyo mais em o / primeiro cazo a Jezus Christo, pagando a Capitação ao Cezar, em / Jeruzalem sem escapar de ser capitado, fazendo-se ex/emplo em sua própria pessoa, logo que nasceu, e sem/ do a primeira couza, que ensinou por mostrar ao Mundo, / que não há Vassallo que primeiro que tudo não deva sa/tisfazer a seu Monarqua os seus Tributos, e então / vejo, que não há mullato forro, nem Negro que se / não admirem de o fazer pagar, quando poderá / aver ocazião em que tãobem os Vassallos se Capi/tem geralmente não sendo já couza nova no Mundo / pello que fiqua dito. /

A vista do que fiqua ponderado, e de muitos mais exemplos / que pudera trazer sobre o prezente cazo com muitas authori/dades de todas as Leys, e Direytos me parese tenho mostra/do que não so he bem estabelecida esta Capitania, e / própria para melhor susego, e bem dos Vassallos, e de / utilidade da Real Fazenda, mas tãobem que a não / pode nada duvidar, tanto pella confuzão, que do / contrário se segue, como porque não se assentando em / couza alguma firmemente, não pode aver nas Min/nas nunqua susego; nem se podem evitar Latroci/nios da Fazenda de El Rey, nem dos particulares, / o que tudo exponho, e remeto ao discurso dos milho/res entendimentos, por eu me não querer alargar muito / em modo que posso ser mais fastidiozo, pois me fal/ta ahinda falar sobre o que he meu intento, o que / hinda não tenho feito, por ter falado somente dos Mi/neiros em geral, sendo o meu projecto fallar do / Certão, e suas Rebeliões. /

Detreminando Sua Magestade, que Deus guarde que os Povos do Cer- // **(Fl. 118v)** do Certão lhe pagassem seus quintos como Comarqua das / Minnas, digo que o Certão do Rio de São Francisco lhes pagasse / quintos como Povos incluídos dentro das Comarquas / das Minnas, e posto por obra a sua arrecadação, tem / os ditos Povos duvidado tanto o satisfaze-los, que não / so os não tem satisfeitos, mas hinda não os querem sa/tisfazer, fundados em que a dita detreminação Real se não / pode de forma alguma com elles entender. /

Porquanto /

Dizem primeiramente que a Capitação Real somente se deve / entender dos quintos, para os Mineiros as pagarem, pois he do Ou/ro que se extrahe da Terra, e como elles não Minerão, nem / no Certão há outros effeitos mais que os seus gados Va/cum e Cavallares, e outros, effeitos a este respeito que não / tocão ao minerar nem com isso tem conexão alguá / que paresem de forma nenhua devem pagar, porquanto de / todos estes pagão nas Contagens o que toca a cada gene/ro, e que, querendo-se que elles paguem quanto se lhes levan/tem as Contagens, pondo-lhes nos fins das Comarquas, porque / então se podem reputar, por Mineiros, e não fazer-lhes / satisfazer as Contagens dos seus gêneros, e negocio, e jun/tamente pagar quintos como Mineiros não o sendo. / Vindo a pagar mais, que aquelles a quem somente devem / ser impostos. /

Estas são as rezões, e principaes fundamentos em que se fundão / estes Povos dos Certão, os quaes podendo, quando tivessem / de merecer algua couza em a Real atenção de Sua Magestade, / que Deus guarde, sem duvida devião estes Povos manifestar-/lhos por Requerimento e não prorromper em hum tão grande / destino, e Levante como se tem mostrado, a vista do q/ual se não podem estes Povos julgar Leaes Vassallos; / nem livrar de serem Repultados, e castigados por / Rebeldes, e insultuosos, porque hinda que queirão dizer vi- / **(Fl. 119)** vinhão requerer sua Justiça se não faz crível esta asse/veração depois de terem feito por varias propostas seu / Requerimento, e sendo respondidos, como he notório, in/sistindo em sua contumácia fazerem Mortes, queimas, / e Latrocinios, tudo delictos de primeira cabeça, e como estes / são somente o alvo do meu projecto sobre elles he que direi o que / o rezoadamente me parese sobre esta matéria como a mais possi/vel brevidade, tanto por não ser prolixo, como porque não / sei se terá algua couza de bem aceito este meu parecer o que / so me leva o zelo do Real Cerviço de Sua Magestade que Deus guarde, e o / sucego de seus Dominios, e Vassallos com boa, e sossegada arreca/dação de seus Reaes quintos, dando as rezõens porque devem pagar os / Povos do Certão o quinto, e o remédio para estes em sujeição e que / estão pouquo costumados, advertindo que tudo o que digo nes/te papel he talhado pella experiência do mesmo Certão, e averigu/ações, que nelle tenho feito, e pello que tenho tirado, e colhido / da própria boca dos moradores, e do centro de seus Corações, e / assim digo. /

He bem sabido, e sem duvida, que no Certão se não / Minera, mas nem por isso deixarão os Certanejos de tirar / athe ao prezente todo o ouro que quizerão com o seu negocio em que / tãobem levarão sempre a El Rey os seus quintos, de sorte que / muitas vezes ouvi queichar ao Superintende da Caza da / Moeda Eugenio Freire de Andrada, que hinda não tinha / visto na Caza da Moeda Homem de [Acerziguis], topando / tantos naquella Villa, e ao Sr. Dom Lourenço de Almeida, / que o primeiro de [Acerziguis], que lhe hia a Caza da Moeda o in/forçava, falando nisto por Ironia, e estar seguro que da/quelles não hia lá nenhum com ouro, mas vamos mais / ao principio. /

He sem duvida que antes de se descobrirem as Minnas / valia no Piauhy hum Boy, doze ou quinze tustões, e hum / cavalo no Siara três mil reis, e hoje em dia custa nas / dos Santos qualquer Sendeiro doze mil reis, e mais, e qualquer // **(Fl. 119v)** Boy, dois e três mil reis, e he sem duvida que quem fes / estes milagres, forão as Minnas, e que pellos Certões destas Comar/quas comprão os Boys magros a coatro, e cinco mil reis, e os / vendem a des a porteira de Curral, e o mais inferior a nove / mil reis por favor, e levando-os as Minnas pagas as Conta/gens lhe sahe por muito maiores preços, e quando lhe saya pellos / ditos des mil reis, e menos sempre lhes tem muita conta, porque / sempre levão de coatro athe des seguro o lucro, e com a / sahida descarregão, e sangrão os Pastos para meterem / novas Boyadas em que tenhão novos lucros. /

Quanto a dizerem, que pagão Contagens he falcissimo, sendo / verdade porque supposto são elles os que pagão aos Contadores, ou / se obrigão, são os Mineiros os que as pagão, proque quando os Certa/nejos lhes vendem, como não ignoram a dita Contagem já de / caza levão feita a conta ao que podem ganhar, tirada / esta, e ao porque hão de vender, e quando se ajustão no preço he a / primeira couza que alegão, que pagarão tantos, e quantos de / Contagem, logo não fallam verdade em que as pagão, e de/vem sem duvida pagar quintos por serem os que ma/ior lucro, e maior soma de ouro tirão das Minnas em / gados, e cavalos e outros gêneros, e os que tem tirado a El Rey / a maior somma de quintos, e das Minnas a maior quantidade / de ouro, ha tantos annos, avendo huns tão grandes interesses / como vay de coatro mil reis, para des em hum Boy, e de coatro, digo de doze mil reis em hum Cavallo para hua coarta / de ouro, sem pagar as contagens, que querem dizer pa/gão. /

Nem he menor para averem de pagar a razão que há, e em / delles mesmos tenho alcansado, de que sendo prohibida a ex/tração de Ouro em po para fora das Minnas em tempo das / Cazas de Fundição, e moeda, e barras, erão estes homens, / não tão somente transgressores do seu ouro que das Minnas / **(Fl. 120)** Minnas tiravão por alto, e por fora dos destacamentos, mas tão/bem o alheyo, de que por devoção hera cada Fazenda hum de/pozito, com Negros, e seus alhegados pronptos para man/darem por Campos Geraes, passa-lo a todos os que o leva/vão para a Bahya, e mais partes metendo na cabeça aos sol/dados mil quimeras, e aconselhando-os em que avião no/ticia de hum Comboyo para huas partes para elles o man/darem passar por outra, e a vista disto paresse se lhes / devem dezencarregar as conciencias, se he que a tem, / o que eu julgo pello contrario, porque não há maiores fe/ras no Mundo como são estes Homens por matado/res, e roubadores, e sendo El Rey aquelle a quem mais devem, / e isto se entende na mayor parte os Senhores da Fazendas / que não há nenhum por mais justo, que paressa, que não / meressa Arcabuscado, paresendo na vista Santos, e sen/do Demonios, sem mais de homens, e racionaes que / a forma, e de catholicos tendo tendo somente hua leve aparencia. /

Devem tãobem pagar quintos por sugeita-los por não / reconhecerem El Rey, e suas Justiças, e serem huas onças / Carniceiras, tendo o matar, e furtar por violências, / por officiaes, como tãobem por serem perjuros, huns por / medo dos grandes, porque os não matem, outros por faltos / do temor de Deus, e de El Rey, sendo muito mal permitido / homens riquos no Certão adevertidindo que a rezão / do grande e fatal diluvio a temos em o Genezis, e não foi / tão fatal destroço por outra cauza mais, que porque / avia Gigantes sobre a Terra, e que estes herão os Varõens / potente, e famosos do Çecullo, e se Deus os não quer, e / com elles não pode, mais que afogando--os em Diluvios / de Agoa, como poderá El Rey com elles sem Dilúvios / de fogo, e de sangue, e he necessário que El Rey cuide muito ser / antes Rey de pobres obedientes, que de riquos soberbos, e que / se não sopiar este homens, será pobre, e mal obedecido, / e pello contrario riquo, e temido, e quanto mais ao longe mais // **(Fl. 120v)** os devem sujeitar com tributos, tanto para acrescentar a El Rey, / Sua Real Coroa, como para lhe sugeitar estes Povos tão / Soberbos, e para Salvação destes mesmo Povos, porque com o pe/cado de Lusifer se não podem Salvar, e por Semelhança como a / de São Thomaz tãobem se não podem salvar sem resti/tuir o alheyos, e assim não só nestas Comarquas deve / aver Tributos senão tãobem pellas mais do Brazil para / conheserem a seu Rey a quem os não pagão, ou os pagão / em forma, que os não sentem. /

Nem paresa este meu pareser de tirano, porque / o não sou, e temo a Deus, e bem vejo, que he muita / e muita pobreza, que apennas tem que comer, e que outros vi/vem de esmollas, porem em tal cazo bem prudente, he / quem manda, e pague o pobre como pobre, e o riquo co/mo riquo para se conhecer a Deus, a El Rey o que estes Povos, / não conhesem, e se não reparemos em que se Deus nos dá / os trabalhos, não he porque Deus seja iniquo, e Cruel, mas / antes Pay de Mizericordia, mas da-nos os trabalhos para / o conhecermos, e aos Reis comente se conhece pellos Tributos, / advertindo tãobem, que dando Deus ao Mundo o fatal Di/luvio somente se queixa dos grandes, mas contudo tãobem / os pequenos o pagarão, e se em Deus temos o exemplo não / será estranhado que El Rey faça o mesmo para castigo / da soberba de huns, e outros, e maiormente no Certão adon/de os pequenos são menos sugeitos, e mais absolutos / que os grandes pella falta de Fazenda em alguas oca/zioes. [...] /

Todas as fatalidades sobreditas nascem seguramente de que são estes / homens do Certão hum Congresso de Canalha, que para estas / solidoens thomou athe agora o seu curso, huns por se escon/derem por Christaons novos, e judiarem a sua vontade / sem se dar nelles, outros por Ladroes e matadores, e ou/tros por vadios, e preguiçosos comilões, e outros por muitas // **(Fl. 121)** e diferentes cauzas sem aver nenhua de virtude, tudo gente /

enfim sem criação, maes que aquella que tem com Bois, / e Cavallos, de cuja politica so sabem uzar, e estra/nhando como feras, todo o Homem, que por ali to/pão com outro tracto, e outras acçoes e em tal forma / que não acha no Certão comodo para tratar da vida, o ho/mem que não dá sinaes de malfeitor, porque se os da / de bem criado, os notifiquão logo para passar adiante / porque somente se servem dos maos para seus insultos, e se / fazerem temidos. A estes não fora mau tirar / sem duvida destas partes, não para mandar para a Colonia, / ou Angolla, mas sim para se povoar algua Ilha dezer/ta, porque manda-los para a Colonia he dar ajudas aos / Inimigos e para Angolla, he destruir a terra, e seu / comersio como já naquella parte o fizeram os siganos, / que tãobem neste Brazil não tem dado pequeno de/trimento, sendo fatalidade grande que de Portugal ao s Ho/mens honrrados, que dezejão vir tratar da vida ao Bra/zil, lhe sejão necessário vir escondidos, e com passapor/tes, e aos delinquentes malfeitores, lhe premeem os / delictos com mandallos para que com nome de De/gredados devem-se a estes com todas estas gentes, po/voar a Ilha da California no mar do Sul, huá das / maiores do Mundo em que a pouqua despeza em pouquos / annos teria El Rey hum grande Imperio de que poderia ter/ muitos milhões de Renda, e nos filhos deste, immen/sidade de Meretrizes de Portugal, e desta Ameriqua, a / gente pobre e muitos cazaes das ilhas trazidos todos / os annos, ter El Rey infinito numero de Vassallos / Leaes, e não remeter a esta Canhalha a Colonia donde / pella ma vida, e alguá fome fogem para a Espanha, por / ser terra firme, e abundante, o que na dita Ilha não podem / fazer por não terem modo de se transportar-lhes. /

Para El Rey Luis decimo coarto de França se fazer // **(Fl. 121v)** se fazer Senhor de seus Vassallos, e os dominar Principe / Soberano, com mais Magestade que seus antesessores, não he / novo que uzava de mezes em mezes Calar o Reino com / soldadescas, passando-os de humas para outras Praças, so a fim / de intimidar os rebeldes Paizanos, máxima de que / sem duvida se deve uzar em este Certão para tãobem o / domesticar, tosando-o com Justiças, e soldadescas de / Mezes em Mezes, e se possível for pondo em cada pau, / hua forca, e em cada Legoa hum Menistro, porque so / assim se sugeitarão de todo, e serão obedientes porque / de outra forma não he possível, porque Canalha simi/lhante a não há no Mundo todo, sendo a maior galhar/dia dos donos das Fazendas proteger proteger Ladroes, e Mata/dores de que se utilizão em seu cerviço, quiçá porque elles / forão e são do mesmo molde, e tiverão a mesma vida / e forma nenhua deve aver nos ditos Certões Juizes Ordi/narios, porque como são dos mesmos Paizanos consentem / dezatinos, e os fazem tãobem com mais largo animo / com a capa de Menistros, e me paresia acertado cons/tituhir nos Certões destas duas Comarquas, dois ou três / Intendentes para a recadação dos Reaes Quintos, e estes nos / seus destrictos com Jurisdição Ordinaria para não faltar / appelos a Justiça de que se não carese pouquo pellas insollencias / que se fazem, e grandes distancias das Cabeças das Comarquas / adonde todos deichão de hir, huns por pobreza e outros / por medo das partes, e outros por terem a criação de Feras, / que so por não verem Justiças, perderão quanto podem / possuhir, e he muito conveniente que estes Povos Reconhe/ção sempre a Vossa Excelencia contra elles soberano em suas Or/dens, e que recomende aos Menistros que eleger os go/vernem com toda a suavidade, para que temendo elles / a Vossa Excelencia, e vendo que os Menistros mostrem não que/re-los destruhir abrassem com amor e Justiça, e se / deixem pacifiquamente governar, e he muito necessário que // **(Fl. 122)** que os Menistros que para o Certão se elegeram tenhão muito / de prudentes, muito de vallorozos, muito de sadios, e muito de / astuciozos, e de muito modo, e indústria, quanto he necessária / para amansar, e domestiquar naturezas Ferinas, porque / do contrario não poderá hir bem sem alteraçoens, e inismistadas como vi, e experimentei na cobrança / do quinto passado, por estas partes, a qual vindo a fazer Andre / Moreira de Carvalho com hua prudência como sua, e com / muita cautela, bem aceita e com huns soldados que / no seu proseder mais paresião Relligiozos, que solda/dos, deixou não sei a quem a cobrança de alguans pes/soas recomendadas as quais se fizeram com tanta so/berania, e absolutas, que por escritos que se escrevião / pouquo soantes a oportunidade do tempo, não deixa/rão de indureser alguns corações já de Cera, que / he o que nasce de Paizanadas, que apenas souberão / toda sua vida governar com huá aguilhada hum / lote de gado, dizendo-se que El Rey mandava cobrar / os seus quintos, e não levandiyar quem os paga, e a isso / esta prompto, e não vingar tenções, etc. E a vista / disto, he que digo he necessário para este fim quem tenha / do Certão bastante conhecimento porque há huns homens / a quem Deus criou para cervir, e não para mandar, assim como / criou outros para mandar, e não para cervir, mas seguin/do o meu projecto. /

He sem duvida que amotinados os Povos deste Certão / tem rompido em dezatinos tão grandes como he notório, e tão/bem he sem duvida que querem os Senhores das Fazendas / que a [plebe] fosse a que tem feito tão grande sublevação, in/pultando-lhe a elle a culpa para demitirem de si o cargo / em gente que não tem o que perder, e he volante o que de / forma nenhuma he possível, nem de crer, porque tãobem he / sem duvida, que toda essa plebe vem aos ditos Fazendei- // **(Fl. 122v)** Fazendeiros agregada, e delles se sustentão, e vivem, e sem elles / lhes desfarssarem este dezatino, ou os animarem a isso o não / farião, logo não foi a plebe, e sim os Senhores de Fazendas etc. /

Hindo eu a Barra do Rio das Velhas logo que se falou / em quintos para o Certão, ou para melhor dizer estando já postos os / Editaes, e André Moreira entrando a cobrar, vi por ahi abaixo / hua tal repugnância nos

Fazendeiros, ou donos das fa/zendas a pagga-los que abertamente dizião lhes era mais fácil / deichar as Fazendas que pagar quintos. Logo elles, e / não os que não tem do que pagar são os agressores desta / maldade. /

Em a dita vez que fuy a Barra do Rio das Velhas, foi, e hia / o Juiz Ordinario do Papagayo a tirar huas Devaças de huans / Mortes aly feitas de todos sabidas, e das que muito em sima / soubemos muito bem a forma em que forão feitas, e chegando / ao lugar, não ouve quem jurasse couza em termos, e ante de / tudo, contudo erão desculpas, ou ignorâncias, e pergun/tando eu alguns a cauza porque ali se goardava tantos / segredos contra a consciência, e preceitos da Lei de Deus, me / responderão que se vinha a saber muitas vezes o que avião ju/rado as testemunhas pellos Juizes, ou pellos Escrivaes, que todos / erão amigos, ou por dinheiro, e que quando muito descuidados esta/vão lhe sahia hum tiro do pé de hum pau, etc. /

Logo he sem duvida que avendo estes tanto / temor dos Fazendeiros por tão pouquo, se elles os não / consentissem, não intentarião contra as Ordens de Sua / Magestade tão grande dezatino, porque se faz incrível concide/rar a esta plebe, a esta canalha himoratos por tão / pouqua couza dos Fazendeiros, e não o serem por tão / atroz culpa contra El Rey se elles não metessem a/lebre a caminho, etc. //

(Fls. 123)

Ultimamente perguntando-se a certo Senhor de fazenda adonde / se achavão os Soldados na primeira viagem que fizeram / respondeu: os nossos achão-se na Barra, e os nossos vem / chegando a Barra, de sorte que todos erão nossos / os soldados por necessidade, e não aver outro reme/dio, e os amotinados porque parese se dezviavão. /

Logo he sem duvida que assim como para es/te todos erão nossos sem explicação tãobem para / os mais, assim era, e he geralmente, porque quando aquelles / que se mostrão zellozos, e afectos ao Serviço de El Rey, dizem isto, e fallam pella palavra nossos muito / milhor, ou para milhor dizer, muito pior o farão os / mais, de que sem duvida se coliga, que elles são os que invol/verão as agoas. /

A vista dos referidos sintomas me parese fiqua não / so conhecida a enfermidade deste corpo, mas tãobem / que sendo os membros ordinários os que se achão grave/mente infermos lhes provem a esta as cauzas pela ma quali/dade dos Principaes, e assim achava ser muito conve/niente doma-los com os Menistros que digo, a hum / destacamento de soldados na parte mais necessária, e que / pudese estar prompta para qualquer Menistro deles se passar / quando lhe fosse necessário, e já que os grandes do Certão / a meu ver pelas conjuturas referidas são os que tem fei/to tanta inquietação, era justo que elles mesmos / shanassem as dificuldades fazendo franco o Certão / para se cobrarem os quintos sem receyo, e he pella / direcção seguinte. /

Paresia-me que escrevendo Vossa Excelencia hua carta a / cada hum dos moradores das Fazendas daqueles em que / há a mayor repugnância lhe fizesse a saber em // **(Fl. 123v)** em como avia prezumpsoens de serem elles os que davão al/gum callor ao Povo miúdo, e Mizeravel, para que fizessem / o Motim, que fiserão, e como a isso se não capassita por em/tender são Leaes Vassallos de Sua Magestade lhes ordenava para / inferir o que na verdade há, que dentro de certo termo sahis/sem de suas Fazendas para Povoado de donde logo manda/rião Certidoens hindo somente com a família precisa para / seu Cerviço, pena de que não o fazendo no termo cominado os / aver, por conhecida, e declaradamente Rebeldes, e amotinadores / do Levante passado, e se proceder contra elles com pri/zão, e confisco de bens. /

Com esta notificação seguem-se estes fins, a saber que / vendo-se estes Homens notefiquados para a retirada se jul/gão perdidos, porque lhe fique a Fazenda por maons alheas, e elles / antes querem morre, que sahir dellas, e maiormente conci/derando que nellas passão com largueza, e soberania / e nos Pousados lhes não chegão o rendimento para o trato, e não / são nada, nem tem respeito algum, e se não obede/sem se julgão confiscados, e prezos, e de todo perdidos / e nestes termos logo hão de acudir com supliquas, e Vossa Excellencia / entrará com elles a pactuar, e elles se obrigarão a fazer / francos os impossíveis, e maiormente fiquando debaicho / de sugeição as Justiças que, digo, podendo-se delles de/vassar para a exacção, e exame dos Cabeças do Levante / porque so assim poderá mais aver quem jure a verdade, e a não / ser assim nem se tirará devassa a proposito, e todas as / horas serão motins, e El Rey fará graves despezas com / soldadescas, e Cavalarias sem que seja possível, que / hum so Intendente possa fazer de tantos Certões / huá cobrança tão grande sem muita confuzão, e a maior / despeza, e comete-la ou parte della a Paizano, / ou Paizanos, he sonegarem-se a maior parte dos Escra- // **(Fl. 124)** dos Escravos, e fazerem-se mil insolências, e dezatinos / por não serem estes Certões capazes de sustentar / Cavallaria de El Rey em marchas por se não plan/tarem milhos de consideração nestas partes, e para / os fazer hir de longe, ou há de ser em cavalos, ou / em canoas, se em cavalos nãos chegará os quintos para a des/peza, e se em canoas pouquo menos, e isto so pode / ser para sustentar beira Ryo hum deste caminho, e não / para lhe conduzir em viagens de terra dentro. /

Muito pudera dizer neste particullar e não digo / por não ser importuno, e quando neste papel haja ou / possa aver couza digna de merecer a Vossa Excelencia al/gua atenção o terei da minha parte a grande fortuna por / ser todo o meu disvello dezejar como bom Vassallo / a El Rey nosso grande felicidades, e augmento de sua Re/al Coroa, como quem tanto o dezeja cervir fielmente / e quando não haja neste meu projecto couza digna

/ de singullar atenção de Vossa Excelencia lhe pesso o não / estranhe com desprezo de inverdade, e sim o desculpe/ com o testemunho de zello, sem lhe dar mais credito que / aquelle que pode merecer hum sonho, que eu / athe em sonhos farei muito por rogar a Deus, / por sua Illustre vida, e Saude que Deus a Vossa Excellencia / conceda por tantos annos como os de Nestor. / Prauna 5 de Outubro de 1736. /

De Vossa Excelencia /
O mais ínfimo Servo, e mais Venerador /
Domingos Alvares Telles Bandeira. //

Manuscritos do Brasil, IAN/PT/TT/MSBR/Livro 3, fls. 210-213v

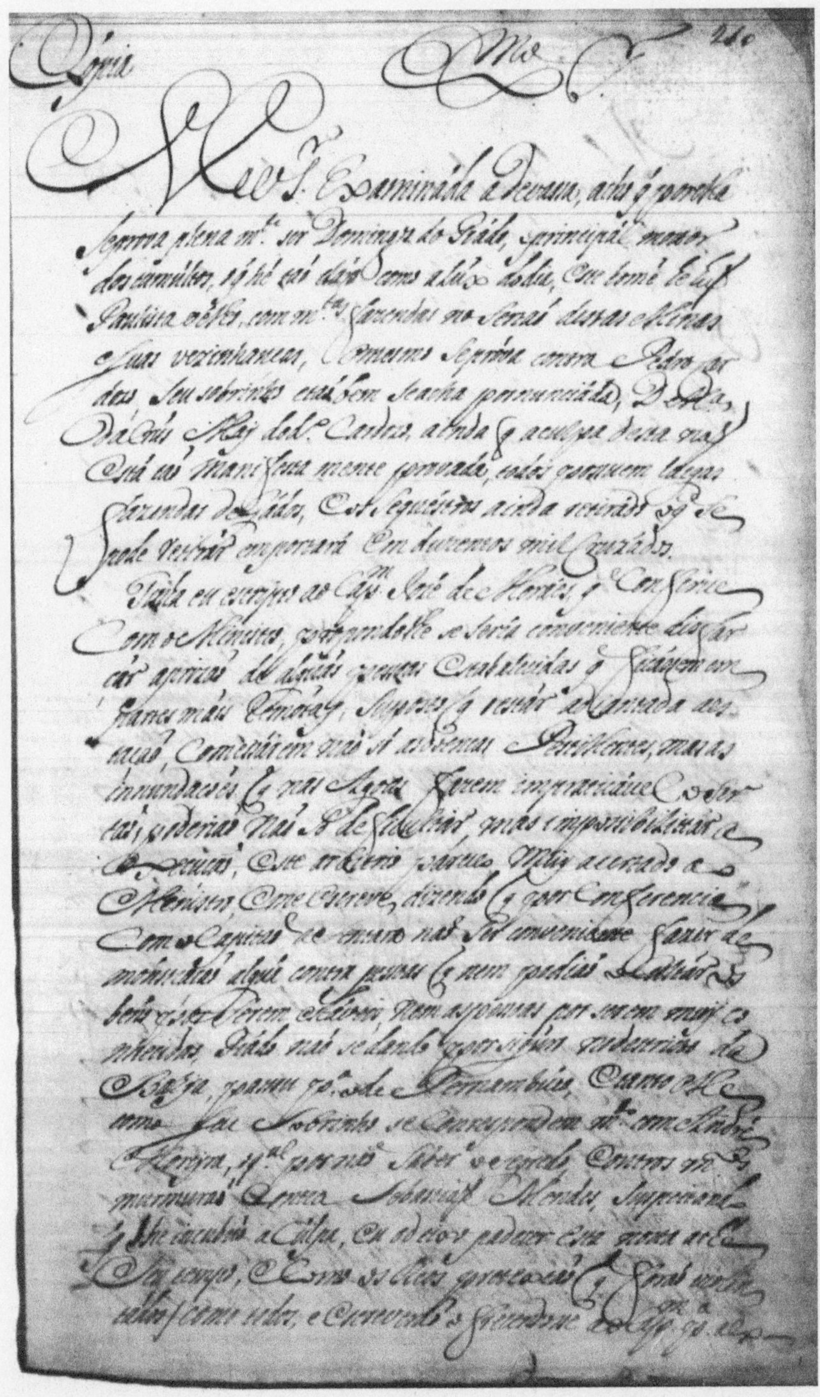

Demais se concebia entenes. O P.e P.o da Silva Passos algum dia Frade de S. Fran.co hoje com Patente de Cap.am
mayor, foi dos mais insignes Ordenadores. O P.e Ign.o
[illegible] Capellão do Brejo de Salgado, o P.e Ma-
Ad theus Gr.z Mendes Capellão de Martins Cardozo
e o P.e Manoel Cavaco, Capellão do Pilão, forão ins-
trum.tos dos levantes, q.tos se formavão, (q tendo, contra
elles rezultado alguns indicios da Devassa) todos se [illegible]
[illegible] de Pernambuco, Minas e Reino q he [illegible]
da Bahya.

O Cor.el José da Cunha, já amotinador nos
Tumultos acontecidos [illegible] Com [illegible], antes de chegar o Min.o lhe escrevia q se [illegible] [illegible] por
trinta mil Cruzados [illegible] e [illegible] a favor de
[illegible] Antonio Mendes, cuja fazenda sequestrada
[illegible], Com seu cunhado o Cap.am
mayor [illegible] Corregio, [illegible]
[illegible], por ter já [illegible] [illegible] quinhentos
[illegible] agora [illegible], a o Cap.am P.o [illegible] de
Mello, q [illegible] (am.te [illegible]) [illegible], se [illegible]
[illegible] [illegible] em [illegible] de Cunha [illegible],
do Corregio se sequestrarão [illegible] q deixou [illegible]
[illegible] com o q [illegible], o Min.o [illegible] [illegible]
[illegible] de [illegible] [illegible] [illegible] as Minas, [illegible]
[illegible] [illegible], todos os [illegible], [illegible]
[illegible] [illegible], [illegible] [illegible] [illegible] [illegible]
[illegible]. [illegible] [illegible] [illegible], [illegible] [illegible] [illegible]
[illegible] julgava [illegible] [illegible] [illegible] [illegible] [illegible]

212

Deq podia vir desconfiarse sem receyo de forças, desconfi-
dendo-se em termos gerais q podia vir siguindo desq Sellena[illegible]
[illegible] de fazer injustiças, seq podias inventar espias, mas
foi certo q em abito de Frade Franciscano [illegible]
daqui, com animo de vender alguns dias, ou officios de
Jerusalem, mas naõ parece, [illegible]

Estes saõ Senr. os verdadeiros cabeças destes
levantes, como bem consta da devassa, q os outros, a saber Fran.co de Souza, Ant.o Per.a Caminha, Gregorio
Cardim, notorios Revoltozos Sediciozos, [illegible]
q. elevaõ dos outros mesmo, levaõ instrumentos mas
dados por estes outros, e por elles rogados [illegible] fizerem a
prudencia de q se sustentavaõ.

A Camara de Alferes de Cap. M.el Nunes q
mandou prender e mandar o Sen.r das armas q aqui
[illegible], foi o mais cruel [illegible] q ha memoria
este tempo mas se davaõ ordens [illegible] e como
ter mais dos bandos e publicar mandando pena de
morte confiscaçaõ de bens q naõ faltassem em sempre
de tres com [illegible] dos seus campos, e q quando
chamasse [illegible], ou fosse [illegible] e mandava
fazer quem viesse por mal [illegible] se repermisse, e pelo mandasse enforcar, Ant.o Per.a Machado
e esta forca de sua ceremonia e [illegible] de
[illegible] Armas [illegible] depois de [illegible]
[illegible] Imagem de N. Senhora, e [illegible]
com luzes [illegible], Como o Clerigo seguia [illegible]
[illegible]

De advertencia, mas por receyo da murmuração q. [illegible]
Seud.e com q se produziaõ vulgarmente [illegible] q od.e;
q.to q a materia He Sacra algũ remorso, se atreveram
com me escrever, representando a inconveniencia do
perd[illegible], q contra pleno m.e declaraua q esta não era
Comunicante só bem com dous Ministros
Sentidos de seu nome, q. Saõ depozitar q desta
Sobre, mas [illegible] os seus reconhecer juntam.te
mente aprovar; e acaresce que o Ministro me
Escreve estar resolvido a tomar hum Expediente
mais de se valer com Seus Conselheiros, entendendo
que ao Serviço de V. Mag.de convem m.to mostrar as
Secretas q se pudesse com equid.e e justiça, e q a sua
pessoa podese ser util p.a avizo do Reyno de Inglaterra
8 [illegible] me consta q recebeo a ordem de Pedro
Cando os Ceus reconhe pela Justiça, a Ma
g.de q.e importaram grandes [illegible] juramentos
particular, e esta Conveniencia q v.e V. Ex.a e reja
informado da verdade, mandei vir Guilherme
da Silva, Ajud.e do Tenent.e do Estado, q foi
Escrivão dos tres Conselhos de Guerra, [illegible]
emenda do Secret. Com o D.r Ant.o Freire
Pac.co, e Combatante Experiencia do seu segredo
e fidelid.e lhe dei na Secretaria juramento para
Copiar a de Roma q tinha Sebastião Mendes de
Carvalho, e a que tinha o Mez.e Gam.e de Cunha
Leyt, q contem Segredo menos importante; foi da
mesma Sorte Copiado por Antonio Gomes

Cartas, q̃ des de o tempo de V.Ex.ª serve de [illegible]
de Secret.º p.ª se trasladarem aonde aponta, e conferilas
com o Secretario p.ª com estas copias poder dár con
ta a S.Mag.de, mas porq̃ só ultimamente das de Minas
Geraes pode mais tempo occupar esse proprio
p.ª q̃ se antes partir embarcação V.Ex.ª poderá dár
conta a S.Mag.de

Tanto q̃ entrar o tempo das mayores chuvas se [illegible]
[illegible] e aumentar os rumores, e mais quei
xas, o q̃ [illegible] concluidas pella parte as
Dependencias do Rio da Prata, e recolhido o Bri
gad.r a esta Cidade, V.Ex.ª poderá vir p.ª as Minas
antes q̃ aumentandosse aquellas [illegible]
[illegible] impedido p.ª poder continuar
com o expediente ordinario deste Governo.

Fico m.to prompto p.ª obedecer a V.Ex.ª
D.s G.de a V.Ex.ª m.s an.s [illegible] 12 de Outr.º
[illegible] 1736

[illegible] Gomes Freire [illegible] Gov.or e Cap. Gen. do R.º e Minas

(Fl. 210)

Excelentíssimo Senhor /

Meu Senhor, examinada a devassa acho que por ella / se prova plenamente ser Domingos do Prado, o principal motor / dos tumultos, o que he tão claro como a luz do dia, esse homem he hum / Paulista velho, com muitas fazendas no Sertão destas Minas / e suas vizinhanças, o mesmo se prova contra Pedro Car/dozo, seu sobrinho e tãobem se acha pornunciada, D. Maria / da Cruz, mãe do dito Cardozo, ainda que a culpa desta não / está tão manifestamente provada, todos possuem largas / Fazendas de Gados, e os Seqüestros ainda retirado o que se / pode retirar emportará em duzentos mil cruzados. / Tinha eu escripto ao Capitão Jozé de Morais, que conferisse / com o Menistro propondo-lhe se seria conveniente disfar/çar a prizão de alguas pessoas que ficassem em / partes mais remotas, suposto que o estar adiantada a es/tação, comessárem não só as doenças Pestillentes, mas as / innundações que nas Aguas fazem impraticável o Ser/tão, podriam não só defficultar, mas impossibilittar a / execução, este arbítrio pareceu mui acertado ao / Menistro, e me escreve, dizendo que por conferencia / com o Capitão assentara não ser conveniente fazer de/monstração algua contra pessoas que nem podião ocultar os / bens, por serem estáveis, nem as pessoas por serem muy co/nhecidas, Prado não se dando por seguro no destricto da / Bahia, passou para o de Pernambuco, e tanto elle como seu sobrinho se correspondem muito com André / Moreira, o qual por não saber o segredo, e outros muitos / murmurão contra Sebastião Mendes, suspeitando / que lhe incubão a Culpa, eu o deixo padecer esta notta athe / seu tempo, e como os Reos pretextão que forão violentados / como todos, e escrevendo oferecendo-se ao Capitão para a ex- // **(Fl. 210v)** execução das ordens, eu deixo correr a desculpa, publicando que / a mayor prova de serem alguns homens violentados fora o/ferecer-se para a execução das ordens, e que só fizerão pessoalmente de pes/soas de destinção, o Alferes Adrião Gonçalves, / e o Capitão Antonio Carvalho, o velho, e quando os prezos / se queixão que ficão lá passiando outros mais culpados res/pondo que na multidão de delinqüentes que todos dizem ser / violentados só se deve crer que o forão os que vihérão perante / o Menistro, e não os que com a sua chegada se retirarão / aos matos. /

Para execução do que resta, julgo oportuno meyo e / como a Vossa Excelência reprezentei, e em carta particullar prevendo / o que podia suceder a alguns mezes, que o Cabo de Esquadra / Seraiva vindo da Collonia, passe para o destacamento / que hoje fica nas vizinhanças do Sertão, e nas suas há de as/sestir no interior delle, porque o julgo entre tudo o que cá te/mos o instrumento mais próprio, e ainda mais próprio / que o Tenente das Minas Novas, de quem tenho tanta sa/tisfação, porque o Seraiva he mais dependente de nós, não tem / correlação algua com os Réos, e matérias tão importan/tes se devem incobrir aos mais fiéis quando tem amizade ou / conhecimento com os interessados, tãobem seria próprio / que naquele tempo, passasse o Intendente do Sabará com / pretexto da cobrança da Capitação athé as pedras, e vezi/nhança de Pedro Cardozo, ao mesmo tempo que Seraiva na / extremidade do Governo, e vizinhança de Prado, / eu sei muito bem que em seguimento dos delinqüentes se pode / passar a prende-los em jurisdição alheia, e cazo prezente / que he de procedimento extraordinário, e creio que Sua Magestade // **(Fl. 211)** aprovará mandar de propozito executar prizão / em destricto alheio, mas para se proceder com mais civili/dade me parece conveniente pedir ordem geral do Senhor / vice-Rei porque sei que a sua Secretaria e família lhe não / he tão fiel, como / devia ser-lhe, e me contou que Prado cui/dou logo em ter amigos na Rellação e na Secretaria, fazendo / oferta da Sobrinha que tem em caza com outen/ta mil cruzados de dote, e ainda da outra filha de / Luis de Sequeira com perto de duzentos, porem como / sabe que a pessoa do Senhor vice-Rey he inexpugnável, e que as / vezes escreve de punho próprio as ordens, julgou por / mais seguro o destricto de Pernambuco; as cartas vão abertas / e seria melhor não usar dellas, e escrever Vossa Excelência / principalmente a Pernambuco, porque eu conciderando a dis/tancia, e os poucos dias que deixaria a minha substituição / não dei parte della a Duarte sobre Pereira. / Consta da devassa por depoimento do Juis, e Tabelião / o vigário da Vara de São Romão Antonio Mendes / Santiago fora quem dictava as formais palavras / do termo cediciozo no motim, com urgentes indícios / de ser fomentador delle, o mesmo se prova contra hum / Frade do Carmo chamado Frei Anchangelo que estando / para dizer missa, reprovou muito que Domingos Martins Ferreira / fizesse espalhar o motim com a voz de El Rey, exor/tando a que todos seguissem os amotinados, e estranhando / os circunstantes as mortes, roubos e incêndios, respondeo / que as assolações herão para bem comum, pois pro meyo // **(Fl. 211v)** Dellas se conseguia o intento Frei Pedro da Silva Passos al/gú dia Frade de São Francisco hoje com Patente de Capitam / Mayor, foi dos mais insolentes cediciozos; o Padre Ignocencio / ordenho Capelão do Brejo do Salgado, o Padre Ma/thias Fernandez, Capellão de Mathias Cardozo, / o Padre Manoel Cavaco, Capellão de Prado, forão ins/trumentos dos levantes, pelas informações que tenho, e contra / elles rezultão alguns indícios da Devassa todos do Bis/pado de Pernambuco, menos o ultimo que he do destricto / da Bahia.

O Coronel João da Cunha, já amotinador nos / Tocantins, aonde tinha hido com gados, antes de che/gar o Menistro fes escriptura fantástica de venda por / trinta mil cruzados a vista e em letras a favor do / vigário Antonio Mendes Santiago, está a fazenda seqüestrada / e elle fugido, como tãobem seu cunhado o Capitam / Mayor Paullino Correya, a qual se não fes novo se/qüestro, por ter ja hum por hua divida antiqüíssima do / Fisco que athe agora iludia, ao Capitam Pedro Álvares de / Mello, que poderia, a muito tempo, estar prezo, se não / houvesse tanto dezacordo em Francisco da Cunha Lobo, e Jo/ão Ferreira se seqüestrou o pouco que deixou fu/gindo com o que pode levar, e Antonio Tinoco Barcel/los depois de vários destrezas fugio para as Minas, bus/cando Padrinhos, todos os que suspeitava, terem me / sido fieis, supondo-se se prendia por desconfianças mi/nhas, e nas culpas judiciaes, eu o pudera prender / se não julgara ilícito dar palavra a algu dos valedores // **(Fl. 212)** De que podia vir desculpar-se sem receyo de prizão, respon/dendo só em termos geraes que podia vir siguro de que se lhe não / havia de fazer injustiça, sei pellas minhas espias, mas / foi tarde que em ábitos de Frade Franciscano entrou / aqui, com animo de rezedir alguns dias, no ospicio de / Jeruzalem, mas não parou.

Estes são, Senhor, os verdadeiros Cabeças das sub/levações, como bem consta da devassa, que os outros, a as/ber Francisco de Souza, Antonio Pereira Caminha, Gregório / Cardim, os [victorios] Theodozio Rodrigues, e outros Réos / que o herão descubertamente, herão instrumentos man/dados pellos outros, e por elles rogados para fazerem a/parências de que os violentavão. /

O chamado Mestre de Campo Manuel Nunes que / mandou prender e matar os General das Armas que aqui / está prezo, foi o mais cruel tirano de que há memória / e isto não só das execrandas insolências que come/teo, mas dos bandos que publicou, mandando pena de / morte confiscação de bens, que não falacem em segre/do huns com os outros no seu Campo, que ninguém / chamasse roubo, ou furto aos confiscos que mandava / fazer, nem tivece por mal feito, ou reprovasse, o que elle / mandasse executar. Antonio Pereira Mulato / que está prezo dis hua testemunha, que em caza de / hum clérigo Irmão do depoente depois de ter a coroa / a hua Imagem de Nossa Senhora, e comessava a escavacar / com hum facão, e como o clérigo se queixou mais dos / trastes que lhe furtarão, que do dezacato feito a Imagem // **(Fl. 212v)** não há mais prova deste excesso, e por esta cauza suspen/di a demonstração de dezagravo, com missa e sermão que / intentava fazer se achasse o cazo provado. /

O General das Armas Semião Correa, se mos/tra ser homem rústico, mas bem intencionado, inemigo de / violências, que estorvou muitas e castigou algumas, mui amigo de / rezão e equidade, e por isso se costuma aconselhar com / Clérigos e brancos, e tãobem com o Secretario, mullato / criado na Bahia, muy maliciozo, destro, e de grande / viveza, assim como reputo muito meu necessário hum castigo ex/emplar e prompto, nas cabeças poderozas, ao menos / nas estatuas dos fogidos, executado nos lugares / dos delictos, assim me parece justa a piedade natural / de Sua Magestade, para com alguns Pardos e mamellu/cos rústicos, criados no Sertão, aonde nunca vi/rão pratica, nem execução, obediência ou respeito algu, a or/dens do Governo ou dos Menistros, quando não conste / terem cometido mortes, incêndios, ou forsamentos / de mulheres, se Sua Magestade for servido mandar que / aos de similhantes qualidade se comute em pena / arbitraria, a Capital que meressem pellos levantes. /

Entre os prezos que se remeterão vem Felippe Bar/reto, pronunciado pelos ditos das primeiras testemu/nhas, e depois continuando-se a devassa conste ple/namente ser violentado, bem pedio o Menistro revo/gar, na ultima pronuncia a primeira, como entre/locutoria, não o fez entendo que não por falta // (Fl. 213) de advertência, mas por receyo da murmuração pela li/berdade com que se prometião vulgarmente dádivas grandes / e porque a matéria lhe fazia algu remorso, se contentou / com me escrever, reprezentado a innocência do / prezo, que consta plenamente da devassa que para isso vi, / e comuniquei o que lhe tocava com dous Ministros / Letrados de boa nota, que são de parecer que se devão / soltar, mas suposto não está revogada judicial/mente a pronuncia, e a carta que o Menistro me / escreve estou rezoluto a tomar hum expediente / medo de soltar com fieis carcereiros, atendendo / a que ao Serviço de Sua Magestade convem muito mostrar ao / Sertão que se procede com iquidade e justiça, e que a sua / pessoa pode ser útil para avizos do Brejọ do Salgado. /

Como me consta, que os culpados, por via de Prado, / e a todo o custo recorrem pella Bahya a Sua Ma/gestade, para impetrarem perdão geral ou ao menos / particular, e seja conveniente que o dito Secretario esteja / informado da verdade, mandei vir Guilherme / da Silva, ajudante da Intendência do Sabará, que foi / escrivão dos descaminhos de Ouro, moeda falsa, / e motins do Sertão, com o Dr. João Soares / Tavares, e com bastante experiência do seu segredo / e fidelidade lhe dei na Secretaria juramento para / copiar a devassa que tirou Sebastião Mendes de / Carvalho, e a que tirou o Vezitador Francisco da Cunha / Lobo, que contem segredo menos importante fis da / mesma sorte copiar por Antonio Gomes // (Fl. 213v] Cardozo, que desde o tempo de Vossa Excelência serve de Oficial / ao Secretario para se tresladarem a toda a pressa, e conferidas / com o Secretario para com estas cópias poder dar con/ta a Sua Magestade, mas porque o volumozo das devassas / e apenços pede mais tempo expus este próprio / para que se antes partir embarcação Vossa Excelência possa dar / conta a Sua Magestade.

Tanto que entrou o tempo das mayores calmas, se me / comessarão a aumentar os rumores, e mais quei/xas, razão proque dezejo que concluídas felismente as / dependências do Rio da Prata, e restituído o Bri/gadeiro a essa Cidade, vossa Excelência possa vir para as Minas / antes que aumentando--se-me as queixas como receyo / fique totalmente impedido para poder continuar / com o expediente ordinário deste Governo. /

Fico muito prompto para obedecer a vossa Excelência a quem Deus Guarde muitos anos. Vila Rica 12 de Dezembro / de 1736.

Ilustríssimo e Excelentíssimo Senhor Governador e Capitão General do Rio e Minas. //

Manuscritos do Brasil, IAN/PT/TT/MSBR-Livro 13, imagem m0495

(Imagem m0495)

Senhor Governador /

Meu Senhor. Dou parte a Vossa Senhoria de como notoriamente tenho / executado a deligencia das arremataçoens dos seqüestros feitos / o anno passado vendendo por seu justo preço os bens a pessoas / que me parecem seguras, e tãobem tenho prezo aos Cabeças dos / Levantes Pedro Cardozo do Prado e Maria da Cruz que remeto com outros / dous culpados de nomes Joze Alvarez e Custodio Brandão a ordem / de Vossa Senhoria fazendo como fis a todos, seqüestro em seus bens que fico / pondo em arrecadação como tãobem os poucos que tem hum Paul/lino Correia. Não cheguei a prender a Domingos do Prado de Oliveira, / por se escapar pouco antes que eu chegasse a sua caza, o que não suce/deria se o Juiz dos Orfaons do Serro Frio cumprisse o que lhe man/dei e as pessoas que me acompanhavão tivessem o mesmo zello / que eu tenho do Real Serviço, fis ao dito Prado seqüestro em seos / bens e cuido em os por em arrecadação, o que feito, e cobrada que / seja a capitação e recomendada a de alguas pessoas impossibilita/das o que dei espera, me recolho ao Sabará pois receio já as / trevoadas, e me parece bastante o tempo de quatro mezes que / há ando incomodado por este Certão com risco da minha sau/de e do Destacamento. Chegado que seja ao Sabará se as moléstias / mo permitirem de tudo hirei pessoalmente dar larga conta / a Vossa Senhoria a quem Deus guarde muitos annos. São Romão, e Setembro 7 / de 1737. / Manoel Dias Torres / Intendente da Fazenda Real da Comarca. //

Arquivo Público do Estado da Bahia. Tribunal da Relação, Alvarás e Provisões, 1738-1739, nº 515. Alvará de Perdão concedido a D. Maria da Cruz, às Fls. 262, 262v e 263

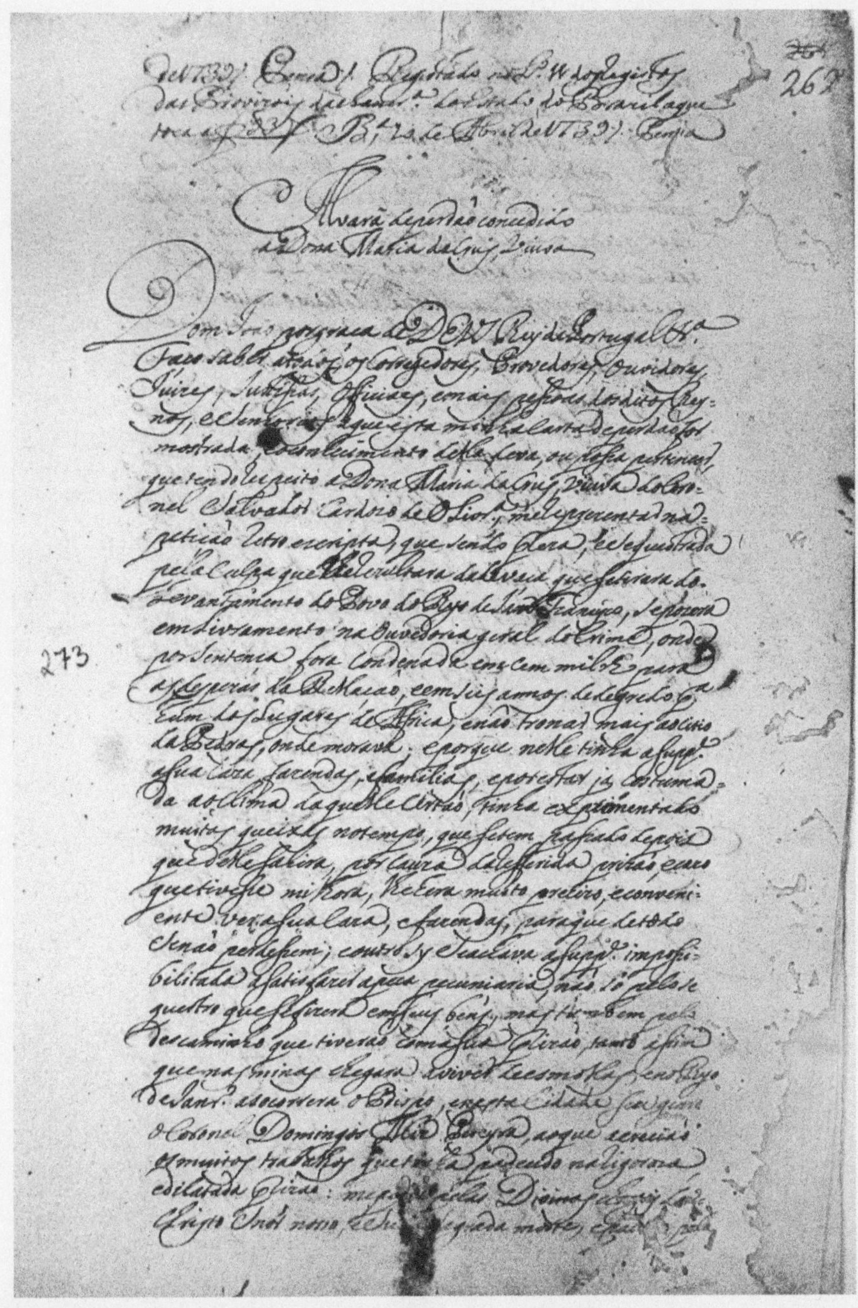

262

Alvará de perdão concedido a Dona Maria da Cruz viúva

Dom João por graça de DEUS Rey de Portugal &c. Faço saber a vós os Corregedores, Provedores, Ouvidores, Juízes, Justiças, Officiaes, e mais pessoas dos ditos Reynos, e Senhorios a que esta minha Carta de perdão for mostrada, e o conhecimento della pertencer, que tendo respeito a Dona Maria da Cruz, viúva do Coronel Salvador Cardozo de Oliveira, me representar na petição retro escripta, que sendo [illegible], e desfructada pela culpa que lhe resultara da devassa que se tirara do levantamento do Povo do Rio de São Francisco, se pozera em livramento na Ouvidoria geral do Crime, onde por Sentença fora condenada em cem mil réis para as despesas da Relação, e em seis annos de degredo para hum dos lugares de Africa, e não tornar mais ao sitio das Pedras, onde morava; e porque nelle tinha a supp.te a sua casa, fazendas, e familia, e por estar já costumada ao clima daquelle Certão, tinha experimentado muitas queixas no tempo, que se tem passado depois que delle sahira, por causa da referida prizão [illegible]

273

[illegible]

131

qual se the Sento lhe continuava de perdoar mayores
penas, e condenaçoes, e se perdoasse tambem Livremente
do referido degredo, por obrigação de tornar ao sitio das
Pedras, em que morava, e minorar lhe outros y a pena
pecuniaria. E visto seu Requerimento: Em que foi
ouvido pelo Conde das Galveas, V. Rey, e Capitão General de mar, e terra deste Estado, e pelos DD. Luis Machado de Barros, Chanceller da Relação do dito Estado,
e Antonio Pires da Silva, Ouvidor geral do Crime
della, pedir esta graça no ultimo tempo das Endoenças,
ter pago mais quarenta mil rs para as despezas, como
consta por certidão do Escrivão Simão Gomes Montr.º
ficarem carregados a fls 167 do L.º de Receita que serve com
o Escr.º das meyas annatas digo que serve com o Escr.º
das mesmas despezas João Soares da Veiga. Hey
por bem, e me praz de assim ser como a Sup.te diz e
mais não ... perdoar lhe o dito degredo, em quanto
a restituição de suas fazendas pelos meyos ordinarios. Os mandados não procedas contra a Sup.te pelo
referido degredo. Este se registará no L.º da Secretaria
do Estado, e terá seu effeito, constando haver pagado primeyro pela mina de canon, e pago o que dever a meya
annata: e se guardará, e cumprirá tão pontual e
inteyramente como nelle se contem, sem duvida,
embargo, nem contradição alguma. Luis Franco da
Silva o fes nesta Cidade do Salvador Bahya de
todos os Santos, em os nove dias do mes de Abril. Anno de mil setecentos, e trinta, e nove. Ey deste Alvará
na forma do estilo. João de Souza de Mattos de
Vasconcellos o fes escrever. O Conde das Galveas. Alvará porq V. Mag.e fes m.ce perdoar a Dona Maria da
Crus, viuva o degredo de seis annos para hum dos Lugares de Africa, que lhe resultou da devassa que se tirou
do Levantamento do Povo do Ryo de São Francisco; visto
pedir esta graça no ultimo tempo das Endoenças, e ter
pago mais quarenta mil rs para as despezas; em
quanto a restituição de suas fazendas, pelos meyos
ordinarios: pelos respeitos acima declarados. Para V. Mag.e ver. [illegible] do L.º das meyas

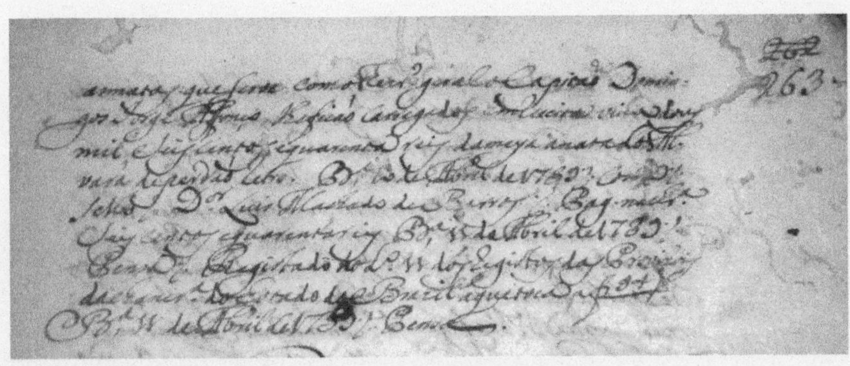

Alvará de Perdão concedido / a D. Maria da Cruz, viúva. /

(Fl. 262) D. João, por Graça de Deus Rey de Portugal e Algarves etc. / Faço saber a todos Corregedores, Provedores, Ouvidores, / Juízes, Justiças, Oficiais e mais pessoas dos ditos Rey/nos, e Senhores a que esta minha Carta de Perdão for / mostrada, e o conhecimento della leva, ou possa pertencer, / que tendo respeito a D. Maria da Cruz, viúva do Coro/nel Salvador Cardoso de Oliveira, me reprezentar na / petição retro escrita que sendo preza e seqüestrada / pela culpa que rezultara da devassa que se tirara do / levantamento do povo do Ryo de São Francisco, se puzera / em livramento na Ouvidoria Geral do Crime, onde / por sentença fora condenada a cem mil réis para / as despezas da Rellação e em seis anos de degredo para / um dos lugares em Africa, e não tornar mais ao Cítio / das Pedras, onde morava; e porque nele tinha a Supplicante / sua casa, fazendas, e famílias, e por estar já costuma/da ao clima daquele sertão, tinha experimentado / muitas queixas no tempo que se tem passado depois / que dele saíra, por causa da referida prizão, e , cazo / que tivesse melhora, lhe era muito preciso e conveni/ente ver a sua caza e fazendas, para que de todo / não se perdessem; outrosy se achava a suplicante impossi/bilitada a satisfazer a sua pecuniária, não só pelo se/qüestro que se fizera em seus bens, mas tãobem pelos / descaminhos que tiverão com a sua prizão, tanto assim / que nas minas chegara a viver de esmolas, e no Ryo / de Janeiro a socorrera o bispo, e nesta cidade seu genro, / o coronel Domingos Martins Pereira, ao que acresci/ão os muitos trabalhos que ela tinha padecido na rigorosa / e dilatada prisão; me pedia pelas Divinas Chagas de / Cristo Senhor Nosso, e sua Sagrada morte, e paixão, pela // **(Fl. 262v)** qual neste santo dia costumava perdoar maiores / penas, e condemnações, lhe perdoasse tãobem livremente / a do referido degredo, e proibição de tornar ao Cítio das / Pedras, em que morava, e minorar-lhe outrossy a pena / pecuniária. E visto seu requerimento: hum passe / dado pelo Conde das Galveas, Vice--Rey e Capitão Gene/ral de Mar, e Terra deste Estado, e pelos Dignissimos Doutores Luis Ma/chado de Barros, Chanceller da Rellação do dito Estado, / Antônio Pires da Silveira, Ouvidor Geral do Crime / della, pedir esta Graça, no Santo tempo das Endoenças, / ter pago mais quarenta mil reis para as despezas, como / constou por Certidão do Escrivão Simão Gomes Monteyro / ficarem carregados a fls. 167 do Livro de Receitas, que serve com o / Thezoureiro das meyas annatas, digo que serve como Thezoureiro / das mesmas despezas João Soares da Veiga. Hey / por bem, e me praz, se assim é como a suplicante dis, e / mais não há, perdoar-lhe o dito degredo, e emquanto / à restituição às suas fazendas, use os meios ordinár/ios. Vos mando não procedais contra a suplicante pelo / referido degredo. Este se registrará nos livros da Secretaria / do Estado, e terá seu effeito, constando haver passado pri/meyro pela minha Chancellaria e pago o que dever a meya / annata, e se guardará e cumprirá tão pontual, e / inteiramente como nele se conthém, sem dúvida, / embargo, nem contradição alguma. Luis Franco da / Silva a fez nesta cidade do Salvador, Bahya de / Todos os Santos, em os nove dias do mês de abril, An/no de mil setecentos e trinta e nove. Pagou deste 1.600 reis / na forma do estillo. João de Souza de Mattos de / Vasconcellos, o fes escrever. O Conde de Galveas. Al/vará porque Vossa Magestade fes Merce perdoar a D. Maria da / Cruz, viúva, do degredo de seis annos para hum dos Luga/res de Africa, que lhe rezultou da devaça, que se tirou / do Levantamento do Povo do Ryo de São Francisco; visto / pedir esta Graça no Santo tempo das Endoenças, e ter / pago mais quarenta mil reis para as despezas, e em/quanto a restituição as suas fazendas, que uze dos meyos / ordinários, pelos respectivos assima declarados. Para / Vossa Magestade ver a fls. 69 do Livro 2º das anna- // **(Fl. 263)** annatas que serve com o Thezoureiro Geral o Capitão Domin/gos Jorge Affonso lhe ficão carregados das receitas vivas dous / mil, seiscentos e quarenta reis da meya annata do Al/vará de Perdão retro. Bahia, 10 de Abril de 1739. Com / Sello. O Dr. Luis Machado de Barros. Pague na Chancellaria / seiscentos e quarenta reis. Bahia, 11 de Abril de 1739. / Penna, Registado no Livro 11 do Registro das Provizões / da Chancellaria do Estado do Brazil a que toca, a fls. 94v. / Bahia, 11 de Abril de 1739. Penna. /"

Testamento de D. Maria da Cruz

Fórum Edmundo Lins – "Livro 11 do Registro de Testamentos no Cartório da Provedoria da Cidade do Serro".
Outras referências no mesmo pacote: Pacote 009 – A – UFOP ou Pac. 05 – Fórum. 13/09/1739

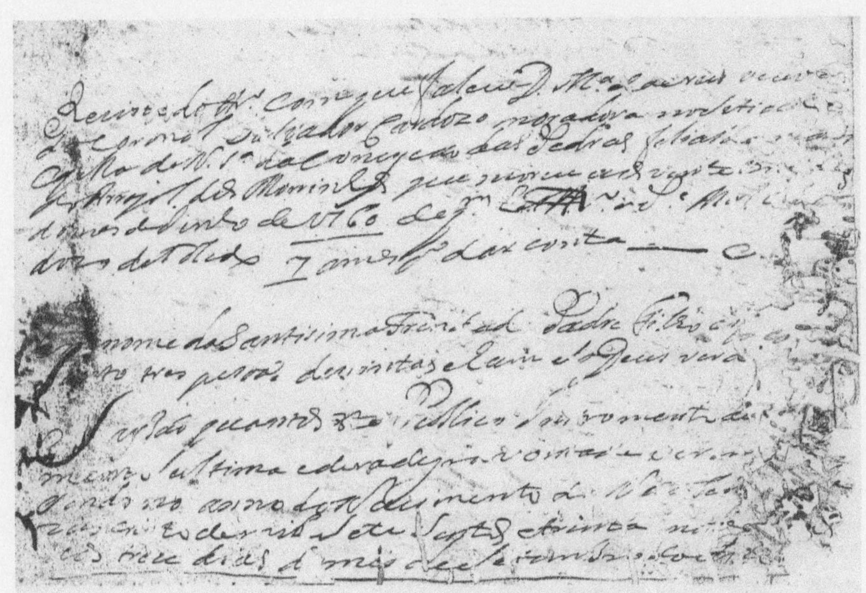

[illegible] [illegible] [illegible] [illegible] [illegible] [illegible]
[illegible] [illegible] [illegible] [illegible] [illegible]
cru ve[illegible] [illegible] Crim[illegible] [illegible] Cardoso [illegible] de
[illegible] e em perfeito juizo e entendimento que
Deus Nosso Senhor foi servido darme me lembro fazer e-
ste meu testamento ultima e derradeira vontade
na maneira e forma seguinte

Primeiramente encomendo minha alma a Santissima Trindade que a criou. Rogo ao Padre E-
terno pella morte e paixão de seu unigenito filho
a queira receber como recebeu a sua estando para morrer na arvore da vera cruz, e a meu senhor
Jesus Cristo peço pellas suas divinas chagas que
já que nesta vida me fez mercê dar seu precioso
sangue e merecimento de seus trabalhos me
faça tambem mercê na vida que esperamos dar
o premio delles que he a gloria; peço e rogo a gloriosa virgem Maria Nossa Senhora Madre de Deus e a
todos os Santos a quem tenho devoção queirão
por mim interceder e rogar a meu senhor Jesus
cristo agora e quando minha alma deste corpo
sair que como verdadeyra cristã protesto viver
e morrer em sua Santa Fé catolica e crer o que
tem e crê a Santa Madre Igreja de Roma e nesta
fé espero salvar minha alma não por meus me-
recimentos mas pellos da santissima paixão do
unigenito filho de Deus

Sendo que Deus Nosso Senhor seja servido levar-
me para si [illegible] minha fazenda das Pedras no Sertão do Rio de São Francisco [illegible]
[illegible] meu testamento [illegible] filhos [illegible]
[illegible] Pedro [illegible] Toledo [illegible]
[illegible] [illegible] [illegible]
[illegible] [illegible] Bolija [illegible]
[illegible] [illegible] fazenda e sertão
[illegible] [illegible] testamenteiro [illegible]

(12)

(Fl. 57) Registo do Testamento com que faleceo Donna Maria da Cruz, viuva / do Coronel Salvador Cardozo, moradora no Sitio da Cap/pella de Nossa Senhora da Conceição das Pedras filial da matriz / do Arraial dos Morrinhos que morreu aos vinte e três dias do mês de Junho de 1760 de quem he testamenteiro o Padre Manoel Cardozo de Toledo. 7 anos pelo dar conta. /

Em nome da Santíssima Trindade Padre, Filho e Espírito Santo três pessoas, destintas e hum só Deus verdadeiro. /

Saybão quantos este Público Instromento de Testamen/to ultima e derradeira vontade virem que / sendo no anno de Nosso Senhor Jezus Christo de mil setecentos e trinta e nove annos, / aos treze dias do mês de setembro do dito Anno // **(Fl. 57v)** ditto Anno nesta [Freguezia] he actual Capella de Nossa / Senhora da Purificação estando eu Donna Maria da / Cruz viúva do Coronel Salvador Cardozo sãã e de / saúde em perfeito juízo e entendimento que / Deus Nosso Senhor foy servido dar-me, me rezolvy a fazer / este meu testamento ultima e derradeyra vontade / da maneyra e forma seguinte:

Primeyramente / encomendo a minha alma a San/tissima Trindade que a criou e rezo ao Padre E/terno pela morte e Payxão de seu unigênito Filho / [primeyro] receber como recebeu a sua estando para mor/rer na Santa árvore de Vera Cruz, e a meu Senhor / Jezus Christo pesso pelas suas divinas chagas que / já que nesta vida me fez mercê dar-me / fica também na vida que esperamos dar / a premio dellas pede que he a gloria; peço e rezo a Glo/rioza Virgem Maria Nossa Senhora Mãe de deus e a / todos os Santos a quem tenho devoção queyrão / por mim interceder e rogar a meu Senhor Jezus / Christo agora, e querendo minha alma deste corpo / sair que como verdadeyra Christã protesto viver / e morrer em sua Santa Fé Catholica creyo que / temerei a Santa Madre Igreja de Roma nesta Fé quero salvar minha Alma não por meus me/recimentos mas pellos da Santíssima Payxão do / unigênito Filho e Deus. / Sendo que Deus Nosso Senhor seja servido levar-/ me para Sy na mi/nha Fazenda das Pedras no Ser/tão do Rio de São Francisco nesse cazo nomeyo / meus testamenteyros a meus filhos os Re/verendos Padres Manoel Cardozo de Tholedo e João / Cardozo de Oliveira e sucedendo falecer no re/côncavo da cidade da Bahia antes que me / recolha para a dita Minha Fazenda, e Sertão / nomeyo para meus testamenteyros a meus // **(Fl. 58)** Meus Genros o Coronel Domingos Martins Pereyra / e o Coronel Alexandre Gomes Ferrão Castello Br/anco e no cazo que os meus ditos filhos Padres / assim nomeados por meus testamenteiros faleção / antes do meu falecimento rogo aos ditos meus genros o Co/ronel Domingos Martins Pereyra e o Coronel Alex/andre Gomes Ferrão Castello Branco, ainda que eu fa/leça no Sertão que sejão meus testamenteiros e há huns / e outros peço e rogo que por serviço de Deus e por me / fazerem Merce queyrão aceitar ser meus testamen/teiros e lhe dou os poderes que em direyto me são con/cedidos para darem expediente ao que neste meu tes/tamento ordeno e sendo o meu falecimentos no dis/curso da jornada para o Sertão sempre serão meus / testamenteiros os ditos meus filhos Padres assima / nomeados, e sendo elles mortos serão os ditos meus gen/ros também assima nomeados. /

Sendo Deus Nosso Senhor Servido Levar-me para Si / na dita minha fazenda das Pedras ordeno que o meo Corpo seja sepul/tado na minha Capella / de Nossa Senhora da Conceição na mesma sepultu/ra do meu marido o Coronel Salvador Cardozo / amortalhado no abito do Patriarca São Francisco – e no dia do meu falecimento se dará as esmolas custumadas cuja esmolla por cada missa / sendo no Sertão duas patacas e sendo neste recôncavo / hua pataca como também se me fará hum ofício de / corpo prezente com os Sacerdotes que, a ca/da hum pella sua assistência do dito oficio senco / mil reis e sendo o meu falecimento no recôncavo / ordeno seja sepultado o meu corpo na fregue/zia donde falecer e que se me faça constar // **(Fl. 58v)** o mesmo oficio de corpo prezente, e se dê de esmolla vinte missas para se repartirem pellos Sacerdotes que / assistirem delle Dara a pataca pella missa que / disserem no dito dia e terão mais que respeitar / ao meu funeral, deixo a despozição de meos testamentei/ros por que a elles confio muito do seu / zello e ordem se eleja pellas contas e despezas/ que elles derem. /

Ordeno que se digo ordeno se diga por minha / alma na dita minha Capella de Nossa Senhora / da conceição a mesma Senhora hua Capella / de missas e se Dara de esmola por cada missa dous cruzados. /

Deyxo mais outra Capella de missas ao San/to Cristo com esmolla de duas patacas cada / missa e serão ditas no seu altar na dita mi/nhá Capella da Conceição e assim mais dei/xo se diga outra Capella de missas com a mes/ma esmolla de duas patacas a Santa Rita / ditas em seu altar na dita minha Ca/pella. /

Mando se me diga por minha alma a Nos/as Senhora da Piedade no seu ospicio da Cida/de da Bahya hua capella de missas esmolla / de Pataca, outra a São Gonçallo pella mesma / tensão e esmolla, outra capella a Santa An/na outra a Nossa Senhora da Gloria todas ellas / a mesma tensão e esmolla e sendo ditas na Cida/de da Bahia como também se diga hua / capella de missas de esmollas de Patacas por / minha alma a Nossa Senhora do Monte do / Carmo no seu altar e convento da cidade / da Bahya; e pellas almas do Brejo de Papagayo ordeno se digão coatro capellas de // **(Fl. 59)** Capellas de missas de esmolla de Pataca. Pella alma de meu marido ordeno tam/bem se digão duas capellas de missas / pella mesma esmolla. /

Declaro que tenho feyto digo Declaro que a Ca/pella de missas que digo alma se digão na mi/nhá capela da conceição ao Santo Cristo se há de se / dizer assento no seu altar na dita minha Capella. /

Declaro que tenho feyto na nota do Tabelião Ma/noel da Costa Craveyros e Avellar da dita digo / da vila de Nossa Senhora da Purificação a San/to amaro hua escritura de Doação e obrigação, / de coatro mil cruzados a minha neta Donna / Ursula filha de meu genro o Coronel Domingos / Martinz Pereira e de minha filha Donna Caterina / do Prado a quoal escritura aprovo e retifico / com todas as clauzulas condiçoens subs/tituiçoens nellas declaradas por ato de mi/nha ultima vontade digo ultima e derradeira / vontade sendo nesessario e a dita escritura / em tudo, por tudo me reporto e quero que In/violavelmente se cumpra o que nella de/tremino sendo que minha vida o não haja / satisfeito. /

Declaro que sou natural da vila do Pene/do freguezia de Nossa Senhora do Rozario / filha legitima do Capitão Pedro Gomes Fer/reyra já defunto e de sua mulher Domin/gas Ferreyra que inda he viva e que fuy ca/zada na forma da Igreja com o Coro/nel Salvador Cardozo já defunto de / cujo matrimonio tivemos seis filhos, a saber: / o mestre de Campo Mathias Cardozo de Oli/veyra, e o Padre João Cardozo de // **(Fl. 59v)** de Oliveyra, Pedro Cardozo de Oliveira, digo Car/dozo, o Padre Manoel Cardozo, Donna Maria / Cardoza de Oliveira, cazada com o Coronel Alexandre Gomes Ferrão Castello Branco, / Donna Caterina do Prado cazada / com o Coronel Domingos Martinz Pereira os / coais ditos meus filhos são meus legitimos er/deyros digo legítimos e necessários erdeyros por tais / os nomeyo Instituo e declaro nas duas par/tes de meus Bens. /

Declaro que por falecimento de meu marido o Coronel Salvador Cardozo fiz amigavel/mente partilhas com os meus coatro filhos machos / o Mestre de Campo Mathias Cardozo, o Padre João / Cardozo, Pedro Cardozo, o Padre Manoel Car/dozo os coais ficarão inteyrados do que escrevy / de suas legitimas e as minhas filhas caza/das com o Coronel Domingos Martinz Pe/reyra e com o Coronel Alexandre Gomes Fer/rão Castelo Branco fomos todos contentes / que ficaram com os seus dotes não entrando / nas ditas partilhas. /

Declaro que meu filho Mestre de Campo / Mathias Cardozo como testamenteyro do meu / marido o coronel Salvador Cardozo na fa/tura das partilhas se lhe derão Bens Cruzados / [ ] quanto Bem Bastardo para Jus/tificação de divida do cazal por donde / na testamentária doei meus deshobrigados a satisfa/ção das ditas dividas. /

Deixo para ornamento da minha Capel/la de Nossa Senhora da conceição das Pe/dras quoatrocentos mil reis por hua // **(Fl. 60)** hua vez somente os coais se [entregarão] ao / Administrador que tive na dita Capella para os por a juros em mão segura para com se/us juros ornamentar o que for justo e precizo / para o ornato da dita Capella. /

Deixo a meu neto Joze filho de meu genro o Co/ronel Domingos Martinz Pereyra e da minha filha / Donna Caterina do Prado duzentos mil reis e / se este morrer antes do meu falecimento passará a dita / deixa a minha neta digo deixa a meu neto Francisco / filho do dito meu genro e da dita minha filha, e / falecendo este também antes de meu falecimento / passara a dita Deixa a minha neta mais velha / Donna Francisca não havendo filho macho do dito meu / genro e filha, e sendo também falecida a dita mi/nha neta passará a dita Deixa a que se seguir / depois della na maior idade da idade a quan/tos todas faleção antes de meu falecimento pas/sara esta Deixa a minha filha Donna Caterina / do Prado e cada hua de minhas Netas Sezaria / Rufina e Justa filhas legitimas de minha filha / Donna Maria de Oliveira e de meu genro o Coronel Alexandre Gomes trezentos mil réis. /

Deixo a minha irmã Benta Gomes cem mil / reis e a minha sobrinha Luiza duzentos mil re/is por hua vez somente. /

Deixo a minha mãe Domingas Ferreyra quoatro/centos mil reis por huma vez somente e assim mais / hum cazal de escravos a eleyção de meus testamen/teyros sendo que me sobreviva. /

Declaro que sou devedora a meu genro o Coro/nel Domingos Martinz Pereyra de duzentos // **(Fl. 60v)** duzentos mil reis a razão de juros que me emprestou para minha condução para sima. /

Sou devedora de cem mil reis que me empres/tou minha filha Donna Catherina do Prado, rogo / a meus testamenteiros que seja a primeira [filha] que se pague no cazo que em minha vida os / não tenha pago por ser dinheiro de tanto [/ ter] me acudir com elle na minha necessidade. /

Declaro que deixo cincoenta mil reis de esmolla ao Con/vento de São Francisco da Villa do / Penedo, outros cincoenta mil reis a Nossa Senhora digo / ao de Nossa Senhora do Monte do Carmo da ci/dade da Bahia, por hua vez somente. /

Mando que satisfeitas todos os meus legados / neste testamento declarados cuja importan/cia se há de deduzir da terceira parte de meus / Bens do remanescente desta cazo o haja / divisão nas partes iguais a saber hua para / as missas e sufrágios de minha Alma e outra pa/ra se repartir entre todos os seus netos machos / e Fêmeas e da outra parte se repartir pellas / minhas parentas pobres mais chegadas. /

Declaro que possuo entre outros escravos os seguin/tes: Angello crioullo, Sebastião Gege, Gonçallo / mulatinho, a esses três deixo ferros livres e hu / [documento] de [alforriação] pelos bons serviços e Fi/delidade que delles tenho experimentado, e ao mula- // **(Fl. 61)** mulatinho Gonçallo pello amor e criação que / [ ] e assim por meu falecimento poderão os di/tos meus escravos Angello, Sebastião mulatinho, Gonçallo gozar de sua liberdade e / sem impedimento algum e sendo nesessario / meus testamenteiros lhe passarão suas cartas. /

Declaro que possuo huma escrava de Angolla chamada Caterina ordeno que dando esta sincoenta mil / reis [por ordem] que a deixo coartada e meus testamentey/ros lhe passarão a liberdade, assim mais outro oficial de carapina chamado Antonio dei/xando a este sento e sincoenta mil reis por ordem que / o deixo cortado lhe passe também sua carta de li/berdade e ao escravo Pedro oficial de Pedreyro / deixo coartado em oitenta mil reis e donde / está prezo ordeno se lhe passe logo também sua carta / de liberdade. /

Declaro que meus testamenteiros serão o/brigados a dar contas deste testamento breve ao / depois de passados sete annos depois de meu falecimento. /

Declaro que os quatrocentos mil Reis e o cazal / de escravos que deyxo a minha Mãy Domingas / Ferreyra, se no cazo que me sobreviva. /

Declaro que ordeno e rogo aos meus testamenteyros / que no cazo que em minha vida não tenha da/do comprimento a data que fiz a minha filha / Digo a minha neta Donna Ursula filha de meu / genro o Coronel Domingos Martinz Pereira e de min/ha filha Donna Caterina do Prado não seja dos pri/meiros legados a que dêm cumprimento e se lhe / fação na forma referida na escritura de Do/ação que fis a dita minha neta. /

E por esta maneyra hey por feyto este meu testa/mento ultima e derradeira vontade e peço a Jus/tiças de Sua Magestade que Deus Goarde assim / Ecleziasticos como Seculares me facão cum/prir e goardar como nelle se contem se // **(Fl. 61v)** [.......] e poder passar a meus filhos os Reverendos / Padres Manoel Cardozo de Toledo e a João Cardozo de / Oliveira e a meus genros o coronel Domingos Martinz / Pereyra e ao Coronel Alexandre Gomes Ferrão Castello / Branco na forma já declarada que por Serviço / de Deus e por me fazerem mercê queyrão asseytar / ser meus testamenteiros e lhe dou todos os pó/deres que em direyto, e são concedidos para / que o cumprão inteyramente e o mais que neste [sic] / meu testamento ordeno que eu de minha / parte aprovo e retifico por minha ultima von/tade digo ultima e derradeyra vontade e por / este revogo outro qualquer testamento ou codecilio que antes deste tenha feyto porque só este / quero que valha e tenha toda a força e vigor / o coal mandey escrever pello Padre Agostinho / Martinho de Almeida o coal depois de escri/to me leu palavra por palavra e pelo achar / conforme ao que ditei o mandei escrever / e por eu não [sic] saber ler e escrever com/fiey ao dito Reverendo Padre Agostinho Martinho de Almeida que por mim assignasse / com o seo em o dito dia assima declarado. /

E como testemunhas que este escrevy a rogo da / Senhora Donna Maria da Cruz – o Padre Agostinho Martinho de Almeida – em nome de Deus amém. Saybão quantos este Instrumen/to digo este Público Instrumento de aprovação / de testamento ou como em direito melhor / lugar aja virem que sendo no Anno do Nascimen/to de Nosso Senhor Jezus Christo de mil setesentos e trinta e nove annos aos vinte e sete dias / do mês de setembro do dito anno neste Sitio / de [...........] termo da Villa de Nossa Senhora / da Purificação de Santo Amaro a pouca da do / Coronel Domingos Martinz Pereira a don- // **(Fl. 62)** a donde eu Tabelião ao diante nomiado pes/quizando e aly achey a Donna Maria da Cruz / sãã e em seu perfeito Juízo constando-me / isto segundo ao parecer de mim Tabelião / e das testemunhas ao diante nomiadas e a to/das Perguntas e respostas que me deu digo, se/gundo as perguntas que lhe fis custumadas / em semelhantes cazos e as respostas que me dão / pessoas que reconheço pelas respostas que me dão / pessoa que reconheço pelas próprias de que faço mensão, e por ella me foy dado este [.........] / dizendo-me que hera o seu Solene Testamento / e ultima e derradeira vontade que o mandara / escrever pello muito Reverendo Licenciado / Agostinho Martinho de Almeida Sacerdote do / habito de São Pedro o coal depois de o escrever / lho lera palavra por palavra o achara confor/me o tinha ditado, e que por elle revogava / outro qualquer testamento ou codecilio que / ouvesse feyto antes deste porque só queria que / este tivesse força e vigor por ser a sua ultima / vontade pello que pedia as Justiças de Su/a Magestade que Deus Goarde assim Seculares / como Ecleziasticos lha cumprão e goardem / e fação inteyramente cumprir e goardar / como nelle se contem rogando-me a meu Tabelião que lho retificasse por quanto ella / Testatora o aprovava e tomando-lhe eu Ta/belião o dito testamento em minhas mãos / ocorri a elle os olhos e o achey escrito nas seis Lau/das de papel que acabado nelle eu princi/piey digo eu comecey esta aprovação vicio e / borrão entre linhas nem couza que duvi/da faça por cuja cauza o numerey e ru // **(Folhas 62v)** rubriquey com a minha rubrica costumada que / [........] aprovo e hey por aprovado tanto que / certo devo posse, e sou obrigado por obrigação de / meo oficio sendo a tudo prezentes por tes/temunhas. – Manoel de Oliveira. – João da / Costa Peyxoto – Ignácio Dias – Ajudante / Antonio Marinho – Capitão Justo Pereyra de / Andrade e todos moradores no mesmo / Sitio pra todos assignado com a testadora / depois de lido, este aprovado que por não / saber ler nem escrever a seu rogo assignou / o Reverendo Licenciado Agostinho Martinho de Almeyda, e eu Manoel da Costa Craveyro e Ave/lar que o escrevy e assigney com os meus signais / custumados, razo e Signal Público. – em tes/temunho da verdade - Manoel da Costa Cra/veyros e Avellar – assigna rogo da testadora / a Senhora Donna Maria da Cruz o Padre Agos/tinho Martinho de Almeyda

– Manoel de Oliveira / João da costa Peyxoto, Antonio Marinho Pereyra – Justo Pereyra de Andrade – Ignácio di/as da Costa. – termo de Abertura – aos vin/te e três dias do mês de Junho de mil Setesen/tos e sessenta annos abri o testamento com que fale/ceu Donna Maria da Cruz, viúva que ficou do / Coronel Salvador Cardozo, moradora no Sitio / da Capella chamada de Nossa Senhora da Concey/cão das Pedras filial desta Matriz do Arrayal / dos Morrinhos a coal testamento me aprezentou / o Padre Manoel Cardozo de Toledo moradores / no Sitio e lugar da Capella das Pedras pedin/do-me o abrisse por quanto hera falecida a tes/tadora e se queria saber a sua despuzição // **(Fl. 63)** despuzição para se lhe darem cumprimento a este / seu testamento estabelecido com o mesmo [po/.......] de linha amarela singella e sobre / ella cinco pingos de lacre vermelho com [audação] / uzado pello Tabelião Manoel da Costa Craveyros e Avellar / Ita infide Parochi Capella dos Morrinhos digo Ca/pella das Pedras e Junho vinte e três de mil Sete/ Sentos e Sesenta annos. Declaro que também abri / o seu Codecilio feyto no anno de mil Setesentos / cincoenta e seis dia era ut supra debayxo da / mesma Fé. – Manoel Cardozo de Toledo / - cumpre-se e registe-se e salvo o prejuízo de terceyro. – Villa do Príncipe vinte e hum de Julho de mil Se/ tesentos e sessenta annos. – Sarmento. / Segue-se o Codecilio da mesma. /

Arquivo Público Mineiro, APM/SC-82, fls. 116v e 117

Sobre se mandar alguns Paulistas e Mineiros a trabalhar nas minas das índias

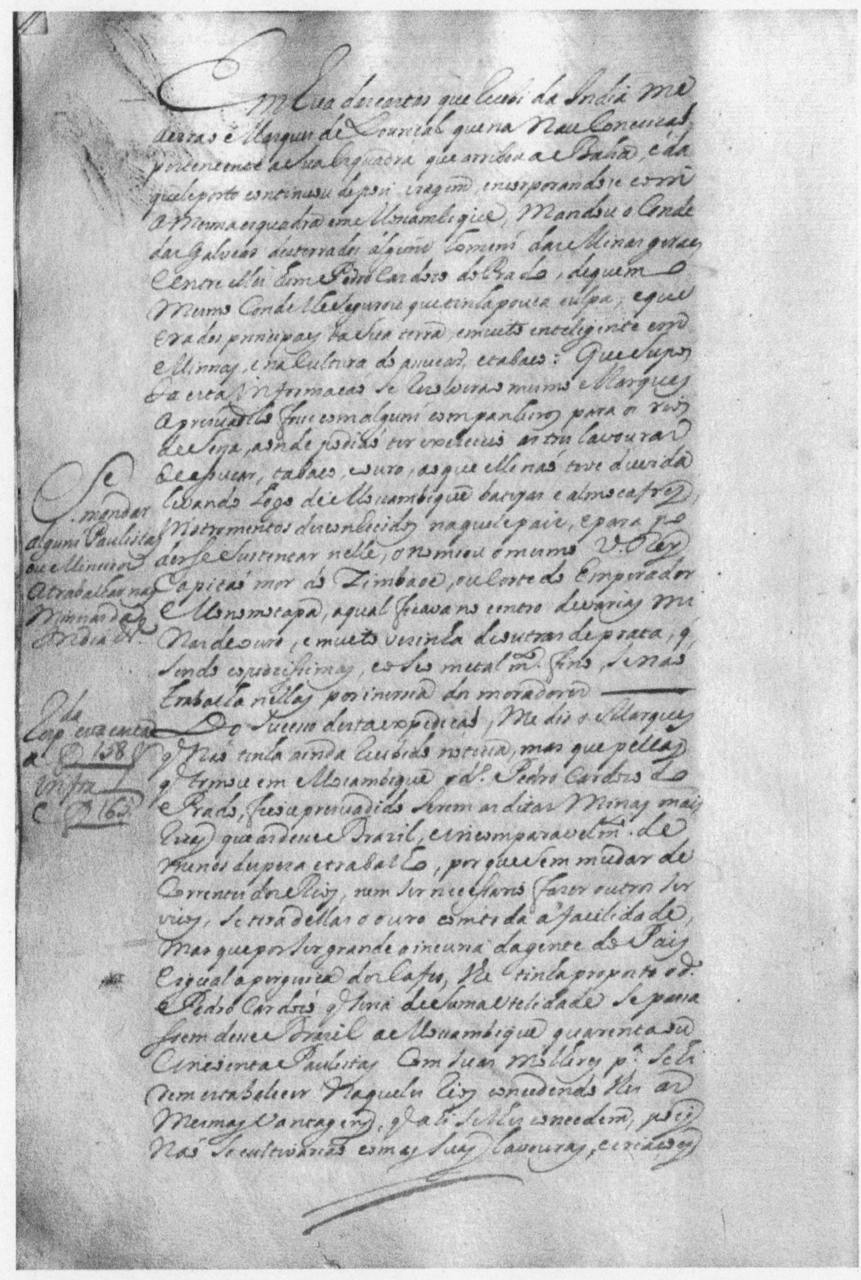

digado Minnas, e tirarião dellas hua imensa copia
de ouro, Mas tambem se conseguiria outra vantagem
de aver comunicação com Angola, a qual o mesmo
P.e Cardozo segura ser factivel, e se offerece para a
execução. —— Isto he o que a elle 117 Menezes
me escreveo o Marquez V. Rey, e ainda que he sem
duvida acertarem muito nos seus principios os projetos do
Jesuitas, como tambem o não he a respeito da certeza da
abundancia daquellas Minnas, he S. Mag.e servido
q. V. S. com as diligencias convenientes Me diga
se poderá conseguir que alguns Paulistas ou Minei
ros passem a povoalas; e se haverá alli quem empren
da Mandar somente sim algum Navio a Mossambique
aonde sem duvida fará hua grande negociação nos
generos que levar da qualidade dos que ali tem
boa reputação, e tambem nos negros q. podem con
duzir em retorno; Como tambem no caso de haver
quem queira mandar Navio, ou ir estabelecerse nos
ditos Rios, quer S. Mag.e saber que condições e van
tagens pedem, e quais se lhes podem conceder; E de
tudo q. V. S. descobrir neste particular Me da
rá conta interpondo o seu parecer para o fazer
prezente ao mesmo Senhor. D.s g.de a V. S. Lx.a
a 5 de Abril de 1743. // Marco Antonio
de Azevedo Coutinho // S.r Gomes Freire de
Andrada //. ——

Com a occazião de partir deste porto a Nau
de guerra N. Sra da Gloria que vai a ... para
... as Naus da India, e Naus mer
cantes ... parece tambem ...
... Naus ... separando ...
quadra pertencente a esta Capitania por causa do
damno q. experimentão com os Mantimentos em
... arruinados ...
... da ... separado ...

(Fl. 116v) Em hua das Cartas que recebi da Índia me / aviza o Marques de Loureçal que na Nau Conceição / pertencente a sua Esquada que arribou a Bahia, e da/quelle porto continuou depois viagem, incorporandose com / a mesma esquadra em Mossambique, mandou o Conde / das Galveas desterrados alguns homens das Minas Geraes / e entre elles hum Pedro Cardozo do Prado, de quem o / mesmo Conde lhe segurou que tinha pouca culpa, e que / era dos principaes da sua terra, e muito inteligente em / Minnas, e na cultura do assucar, e tabaco. Que supos/ta esta informação se rezolvera o mesmo Marques / a pressuadilo fosse com alguns companheiros para os rios / de Sena, aonde podião ter exercício as três lavouras / de assucar, tabaco, e ouro, ao que elle não teve duvida / levando logo de Mossambique bateyas e almocatrez, / instromentos desconhecidos naquele paiz, e para po/der sustentar nelle, o nomiou o mesmo Vice-Rey, / Capitão-Mor do Zimbaboe, ou Corte do Emperador / Monomotapa, a qual ficava no centro de várias mi/nas de ouro, e muito vezinhas de outras de prata, que / sendo copiozissimas, e o seo metal muito fino, se não / trabalha nella por inércia dos moradores. _ / Do successo desta expedição, me dis o Masrques / que não tinha ainda recebido noticia, mas que pelas / que tomou em Mossambique o dito Pedro Cardozo do / Prado, ficou persuadido serem as ditas Minas mais / ricas que as desse Brazil, e incomparavelmente de / menos despeza e trabalho, porque sem mudar de / correntes dos Rios, nem ser necessário fazer outros ser/viços, se tira dellas o ouro com toda a facilidade, / mas que por grande a [inercia] da gente do Pais / e igual a preguiça dos Cafes, lhe tinha proposto o dito / Pedro Cardozo que seria de suma utilidade se passa/ssem desse Brazil a Mossambique quarenta ou cincoenta Paulistas com suas molheres para se hi/rem estabelecer naqueles rios concedendo-lhes as / mesmas vantagens, que ali se lhes concedem, pois / não se cultivarão com as suas lavouras, e criações // (**Fl. 117**) de gado as teras, e tirarião delas hua imensa copia / de ouro, mas tambem, se conseguiria outra vantage / de abrir comunicação com Angola, a qual o mesmo / Pedro Cardozo segura ser factível, e se oferece a sua execução. – Isto he tudo o que / me aviza o Marquez Vice-Rey, e ainda que he sem / duvida achar-se muito no seo principio o projeto re/ferido, como tambem o não há a respeito da certeza e a/bundancia daquellas Minnas, he Sua Magestade Servido / que fazendo Vossa Senhoria as deligencias convenientes lhe diga / se poderá conceguir-se que alguns Paulistas, ou Minei/ros passem a povoa-las, e se haverá ahi quem empren/da mandar comeste fim algum navio a Mossambique / aonde sem duvida fará huma grande negociação nos / gêneros que levar da qualidade dos que ali tem / boa reputação, e tambem nos negros que podem com/duzir em retorno; como tambem no cazo de haver / quem queira mandar navio, ou hir estabelecer-se nos / ditos Rios, que Sua Magestade saber que condições e van/tagens pedem, e quaes se lhe podem conceder; E de / tudo o que Vossa Senhoria descobrir neste particular me da/rá conta intrepondo o seo parecer para o fazer / prezente ao mesmo Senhor. Deus Guarde a Vossa Senhoria. Lixboa / a 5 de Abril de 1743. Marco Antonio / de Azevedo Coutinho. Sr. Gomes Freire de / Andrada. /

Carta de Sesmaria de D. Maria da Cruz

Arquivo Público Mineiro – APM/SC-80, fls. 164-165

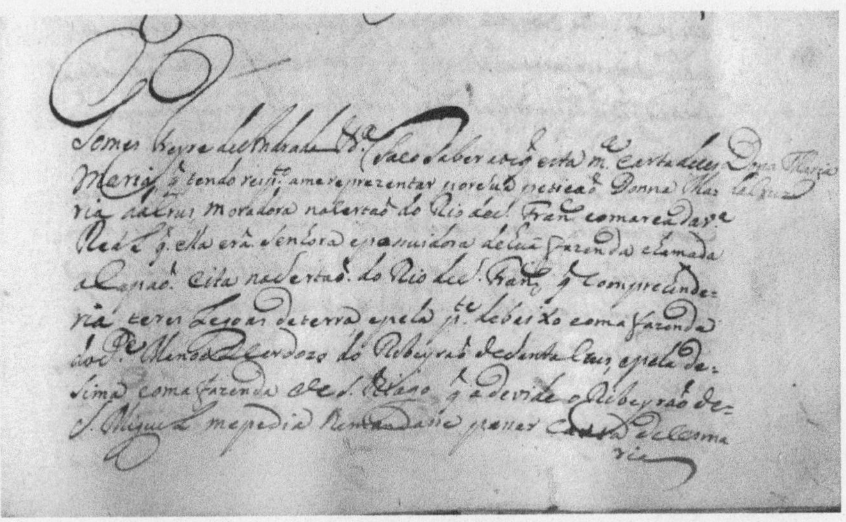

Gomes Freyre de Andrada &ª. Faço saber aos q. esta m.ª Carta de sesmaria virem q. tendo resp.to a me representar por sua petição Donna Maria da Cruz moradora no Sertão do Rio de S. Fran.co comarca da V.ª Real q. ella era senhora e possuidora de huã fazenda chamada a Capão cita no Sertão do Rio de S. Fran.co q. compreenderia tres legoas de terra e pela p.te de baixo com a fazenda do P.e Mendo Cardozo do Ribeyrão de Santa Crus e pela de sima com a fazenda de [illegible] q. a devide o Ribeyrão de S. Miguel me pedia lhe mandasse passar Carta de sesmaria

Dona Maria da Cruz

de Sesmaria de tres Legoas de terra em quadra na referida paragem dentro das confrontaçoens assima ditas; e eu atendendo ao q̃ alle-
ga e informação q̃ derão os offes. da Camera da Vla. Real do Sabará,
a q̃ o Dr. ouvi, de se lhe não offerecer duvida pela concessão desta Sesmaria por não encontrarem inconveniente q̃ a prohibisse, pela fa-
culde. q̃ S. Mag. me permite nas suas Reais ordens e ultimamte.
na de treze de Abril de mil e setecentos e trinta e oito, para conceder Sesmarias das terras desta Capitania aos moradores dellas que
mas pedirem: Hey por bem fazer mce., como por esta faço, de conceder em nome de S. Mag. a da. Donna Maria Alvres tres
Legoas e meya em quadra na referida paragem por ser Sertão
dentro das confrontaçoens assima mencionadas, fazendo pião
aonde pertencer, por ser tudo na forma das ordens do dto. Snr. Com
declaração porem q̃ será obrigada dentro de hum anno q̃ se con-
tará da data desta a demarcallas judecialmte. sendo para esse
effeito notificados os vezinhos com q̃m partirem para allegarem
de seu direito e bem de sua justiça; e o será tambem a povoar e cultivar as das. terras, ou parte dellas dentro em dous annos, as quaes não
comprehenderão ambas as margens de algum Rio navegavel
porq̃ neste caso ficará livre de huma dellas o espaço de
meya Legoa para o uzo publico, reservando os sitios dos vezinhos com q̃m partirem as referidas terras e suas vertentes,
e sem q̃ elles com este pretexto se queirão apropiar de demazi-
as, em prejuizo desta mce. q̃ faço a supplicante, a qual não
impedirá a repartição dos descubrimentos de terras mineraes q̃ no
tal sitio haja ou possa haver, nem os caminhos e serventi-
as publicas q̃ nella houver, e pelo tempo adiante parecer
conveniente abrir para mayor comodide. do bem comum,
e possuirá as das. terras com a condição de nellas não sucederem
Religiosos por titulo algum, e acontecendo possuillas serão
obrigados com o encargo de pagarem dellas dizimos como
quaes quer seculares, e será outro sim obrigada a
mandar requerer a S. Mag. pelo seu Consº. Ultramarino

Ultramarino comfirmação desta Carta de sesmaria dentro em quatro 165
annos q̃ correrão da data desta a q. reconhecido Salvo o direito e Salvas
Regio e prejuizo de terceyro, e faltando ao referido não terá
vigor, e se julgarão por devolutas as d.as terras, dandose
a q.m as denunciar tudo na forma da ordem de S. Mag.e pello
q̃ mando ao Men.o a q.m tocar dê posse ao Suplicante das referidas terras, feita primeyro a demarcação e notificação como acima ordeno, e seg.do se fará termo no L.o a q̃ pertencer
e asento nas costas desta para a todo o tempo constar o
referido na forma do Regim.to E por firmeza de tudo lhe mandey passar esta carta de sesmaria, e por duas vias por mim
asignadas e selladas com o sello de minhas armas q̃ se com-
prirá inteiram.te como nella se contem, registandose nos
L.os da Secretaria deste Governo e onde mais tocar digo pertencer. Dada em [illegible] aos quatro
de Mayo Anno do Nascim.to de Nosso Snr. Jezus
Christo de mil e settecentos e quarenta e cinco annos
O Secretario do Gov.o Antonio de Souza Machado
a fez escrever = Gomes Freyre de Andrada

(Fl.164v)
D. Maria da Cruz

Gomes Freyre de Andrada, etc. Faço saber aos que esta minha Carta de Ces/maria, que tendo respeito a me Representar por sua petição Donna Ma/ria da Cruz, moradora no Certão do Rio de São Francisco, Comarca da Villa / Real que ella era Senhora e possuhidora de huma Fazenda chamada / o Capão, cita no Certão do Rio de São Francisco, que compreende/ria três Legoas de terra, e pela parte de baixo com a Fazenda / do Padre Manoel Cardozo do Ribeyrão de Santa Cruz, e pela de / sima com a Fazenda de São Thiago que a devide o Ribeyrão de / São Miguel, me pedia lhe mandasse passar Carta de Cesmaria // **(Fl. 164v)** de Cesmaria de três Legoas de terra em quadra na referida para/gem dentro das confrontaçoens assima ditas; ao que atendendo eu / a informação que derão os Oficiaes da Camara / da Villa Real do Sabará, a quem ouvi, de se lhes não offerecer duvida na concesão desta Cesma/ria, por não encontrarem inconveniente, que a prohibice pela fa/culdade que Sua Magestade me permite nas Suas Reaes Ordens, e ultimamente / na de treze de Abril de mil setecentos e trinta e oyto para com/ceder Cesmarias das terras desta Capitania aos moradores dellas que / mas pedirem. Hey por bem fazer mercê, / como por esta faço, de Con/seder em nome de Sua Magestade a dita Donna Maria da Cruz, três / Legoas e meya em quadra na referida paragem por ser Certão, dentro das confrontações assima mencionadas, fazendo pião / aonde pertencer, por ser tudo na forma das Ordens do dito Senhor, com declaração porem, que será obrigado dentro de hum anno, que se con/tará da data desta, a demarcallas judicialmentes sendo para esse / effeito notificados os vizinhos com quem partirem para alegarem / o que se for a bem de sua jus/tiça, e o será tãobem a povoar, e / cultivar as ditas terras, ou parte dellas, dentro em dous Annos, as quais nao / comprehenderão ambas as margens de algum Rio Navegavel, / porque neste cazo, ficará livre de huma dellas o espaço de / meya legoa para o uzo publico reservando o Citio dos Ve/zinhos com quem partirem as referidas terras, e suas vertentes, sem que elles com este pretexto se queirão apropriar de demazi/adas em prejuizo desta mercé que faço a Suplicante, a qual não / impedirá a repartição dos descobrimentos de terras mineraes que no / tal Citio haja, ou possa haver, nem os Caminhos, e Serventi/as publicas que nelle houver; e pelo tempo adiante pareça / conveniente abrir para mayor comodidade do bem comum, / e possuhirá as ditas terras com a condição de nellas não sucederem / Religiões por titullo algum, e acontecendo possuhillas sera / com o encargo de pagarem dellas Dizimos, como / quaesquer Seculares, e será outrosim obrigado a / mandar requerer a Sua Magestade pelo Seu Conselho Ultramarino // **(Fl.**

165) Ultramarino confirmação desta Carta de Cesmaria dentro em quatro / annos, que correrão da data desta, a qual lhe consedo salvo o Direito / Regio, e prejuizo de terceiro, e faltando ao referido não terá / vigor, e se julgará por devoluta as ditas terras dando-se / a quem a denunciar, tudo na forma das Ordens do dito Senhor. Pello / que mando ao Menistro, a que tocar dê posse a Suplicante das refe/ridas terras, feita primeiro a demarcação e noteficação, co/mo assima Ordeno, de que se fará termo no Livro a que pertencer / e assento nas costas desta, para a todo o tempo constar o / refferido na forma do Regimento. E por firmeza de tudo lhe man/dey passar esta Carta de Cesmaria, e por duas vias, por mim / assignada, e Sellada com o Sello de minhas armas, que se com/prirá inteyramente como nella se conthem, Registando-se nos / Livros da Secretaria deste Governo, e onde mais tocar di/go pertenser. Dada em o Arrayal do Tejuco aos quatro / de Mayo Anno do Nacimento de Nosso Senhor Jesus / Christo de mil settecentos e quarenta e sinco annos. / E o Secretario de Governo Antonio de Souza Machado / a fez escrever. Gomes Freyre de Andrada. /

Registro do Codicilo de D. Maria da Cruz - Livro 11 do Registro de Testamentos no Cartório da Provedoria da Cidade do Serro

Outras referências no mesmo pacote: Pacote 009 – A – UFOP ou Pac. 05 – Fórum

Registo do codecilio com que morreu Donna Maria da / Cruz assistente no Sitio da Capella de Nossa Senhora / das Pedras destrito e freguezia dos Morrinhos, de / mim escrivão aos 23 de Junho de 1760 testamenteiro o Padre / Manoel Cardozo de Toledo. / Contas /

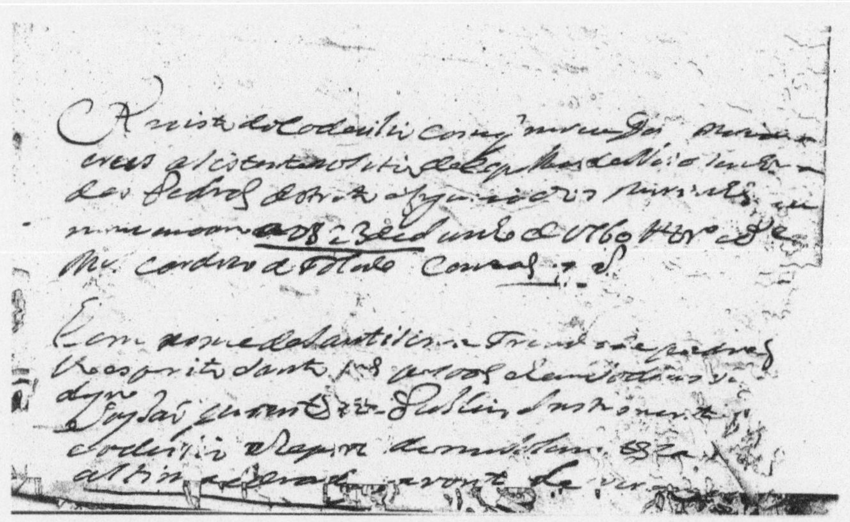

(14)

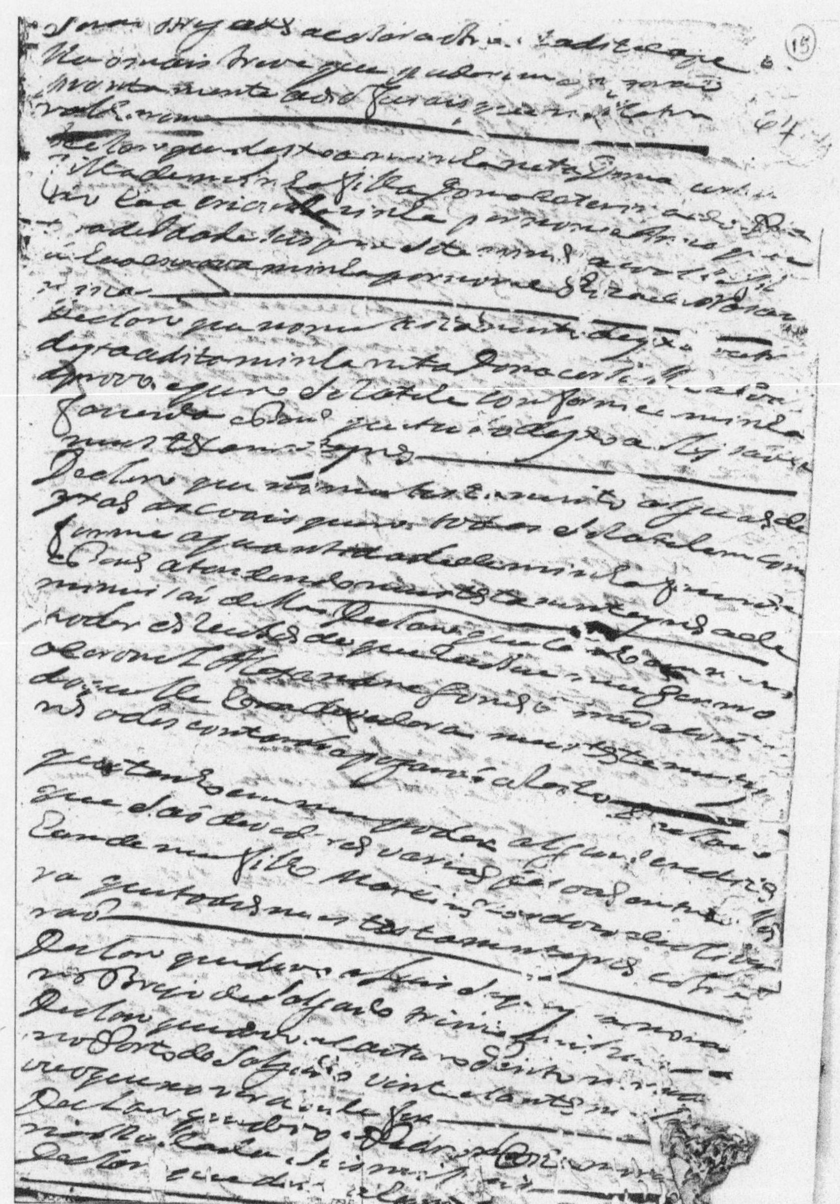

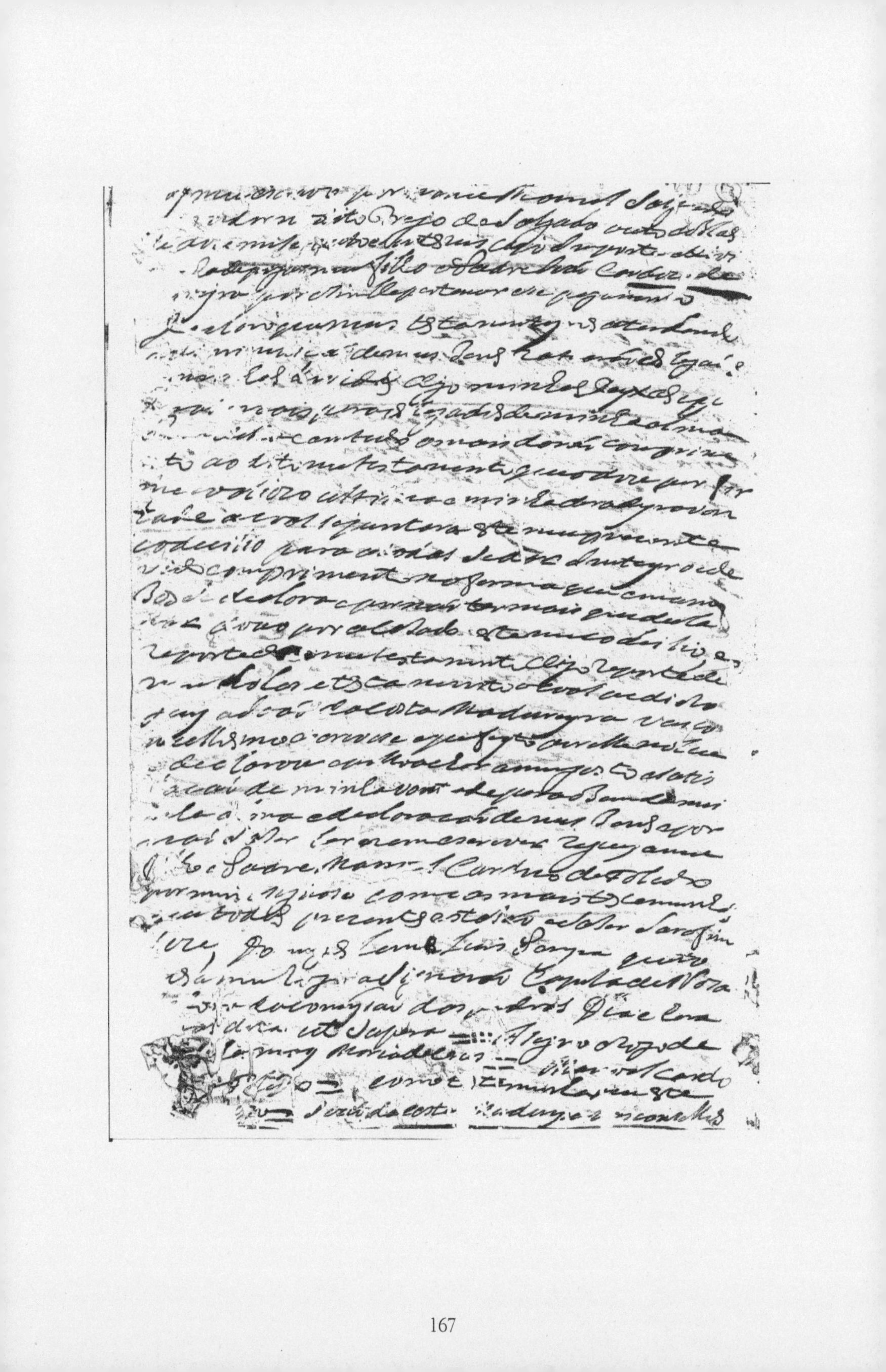

(Fl. 68)

Registo do codecilio com que morreu Donna Maria da / Cruz assistente no Sitio da Capella de Nossa Senhora / das Pedras destrito e freguezia dos Morrinhos, de / mim escrivão aos 23 de Junho de 1760 testamenteiro o Padre / Manoel Cardozo de Toledo. / Contas /

Hem nome da Santíssima Trindade Padre Fi/lho Espirito Santo três pessoas e hum só Deus verda/deyro. /

Saybão quantos este Público Instrumento de / Codecilio separado de meu ultimo testamento / ultimo e derradeyra vontade virem que // **(Fl. 68v)** que sendo no anno do nascimento de Nosso Senhor / Jezus Christo de mil Setesentos e sincoenta e seis / annos aos vinte e hum dias do mês de Fevereyro do / dito ano nesta Capella de Nossa Senhora da / Conceyção das Pedras em minha própria caza / de morada donde eu Donna Maria da Cruz es/tava morando em meu perfeito Juízo e enten/dimento que Deus foy Servido dar-me, / e temendo-me da morte por não saber quoando / irei para o Senhor Seja Servido levar-me pra sima / e [......quer] fazendo e dezejando por minha / Alma no caminho da Salvação faço este meu / Codecillo para acostar ao meu solene testamen/to minha ultima e derradeira vontade e vali/mento de ambos tudo na forma seguinte: / Primeyramente pesso e rogo a meus testamenteiros no/meados no dito meu testamento ao coal me reporto queirão por serviço de Deus a por me / fazerem mercê asseytar e darem a hum outro di/to e prezente codecilio todo o Inteyro com/primento nelles declarados. /

Declaro que aprovo e dou por valido o dito / meu testamento que fiz na Bahia na forma / que nelle se declara. /

Declaro que entre os bens que possuo três escravos / a saber Joze crioulo, já velho, Angello crioullo / e [Remigio] crioulo aos coais todos três lhe tenho / passado suas Cartas de Alforria e a todos os dou / por ferro como suas em suas Cartas se contem. /

Declaro que o dito criollo assima por nome / [Remigio] tem clauzulas na Carta de Alforria / as coais deve o dito cumprir como decla/ro. /

Declaro que todo o gado que se acha / com o meu ferro e signais na fazenda das / Pedras deyxo a Capella de Nossa Senhora / da Conceyção para seu rendimenro **(Fl. 69)** e serão obrigados a acabar a obra da dita Capel/la o mais breve que puderem e pagarão / prontamente aos oficiais que nella tra/balharem. /

Declaro que deixo a minha neta Donna Ursula / filha de minha filha Donna Caterina do Pra/do hua crioulazinha por nome Anna que / tem de idade seis para sete annos a coal he filha / de hua escrava minha por nome Roza Nasção / Mina. /

Declaro que no meu testamento deyxo outro digo / deyxo a dita minha neta Donna Ursula a coais / aprovo e quero se ratehe conforme a minha / fazenda e bens que tudo deyxo a eleyção de / meus testamenteyros. /

Declaro que no meu testamento alguas Dey/xas as coais quero todas se ratehem com/forme a quantidade de minha fazenda / e Bens atendendo meus testamenteyros a de/minuição dellas. /

Declaro que tenho em meu / poder os recibos de que recebeu meu genro / o Coronel Alexandre Gomes Ferrão a conta do que lhe hera devedora meus testamenteyros / o descontarão e pagarão o resto. /

Declaro / que tenho em meo poder alguns créditos / que são devedores várias pessoas entre elles / hum de meu filho Mathias Cardozo de Olivei/ra que todos meus testamenteiros cobrarão. /

Declaro que devo a Luiz Siquiera morador / no Brejo do Salgado vinte e tantos mil reis / ou o que na verdade for. /

Declaro que devo a Pedro da Costa morador no [Molhado] seis mil reis. /

Declaro que devo a [Ca......?] // **(Fl. 69v)** foy meu escravo por nome Manoel Salgado / morador no dito Brejo do Salgado [outo] dellas / de doze mil e quatrocentos reis cujo imposto e divi/da há de pagar meu filho o Padre João Cardozo de / Oliveyra por assim lhe pertencer esse pagamento. /

Declaro que meus testamenteiros atendendo / a diminuição de meus bens ratearão legados / e minhas dividas digo minhas Deixas e pas/sarão mais para legado de minha alma / [Bem della] contudo o mais dando cumpri/mento ao dito meu testamento que o dou por fir/me e valiozo ultima e minha derradeyra von/tade a coal se juntará este meu prezente / codecilio para a todas se dar Inteyro e de/vido comprimento na forma que em am/bos se declara e por não ter mais o que decla/rar dou-o por acabado este meo codecilio e / reporto do meu testamento digo reportado / meu [.......] e testamento o coal pedi e ro/guey a João da Costa Madureyra Vascon/cellos mo escrevesse e que feyto por elle me disse / e declarou e por achar a meu gosto e satis/fação de minha vontade para o bem da mi/nha alma e declaração de meus Bens e por / não saber ler nem escrever roguey a meu / Filho Padre Manoel Cardozo de Toledo / por mim assignasse com as mais testemunhas / que todos prezentes estavão a saber Serafim / Joze, Domingos Leme, Luiz Pereyra que to/dos a meu rogo assignarão. Capella de Nossa / Senhora da Conceyção das Pedras dia e hora / nas datas ut supra. – Assigno a rogo de minha Mãy Maria da Cruz – Manoel Car/dozo de Toledo – como testemunhas por este / a rogo João da Costa Madureyra e Vasconcellos // **(Fl. 70)** Vasconcellos – Serafim Joze – cirurgião / Luiz Pereyra da Silva – Domingos Leme do Prado – Despacho: Junte-se ao testamento. / - Villa do Príncipe aos trinta e hum dias do mês de [Julho] / de mil Setesentos e sessenta. – Sarmento. /

AGJSE1: Catálogo Digital da Documentação do Séc. XVIII de Sergipe: Inventários Judiciais de Estância e Porto da Folha. 2005. CD-ROM n. 2.

Inventário de Alexandre Gomes Ferrão Castelo Branco, parte dos bens inventariados por D. Maria Cardoso de Oliveira, com sua assinatura

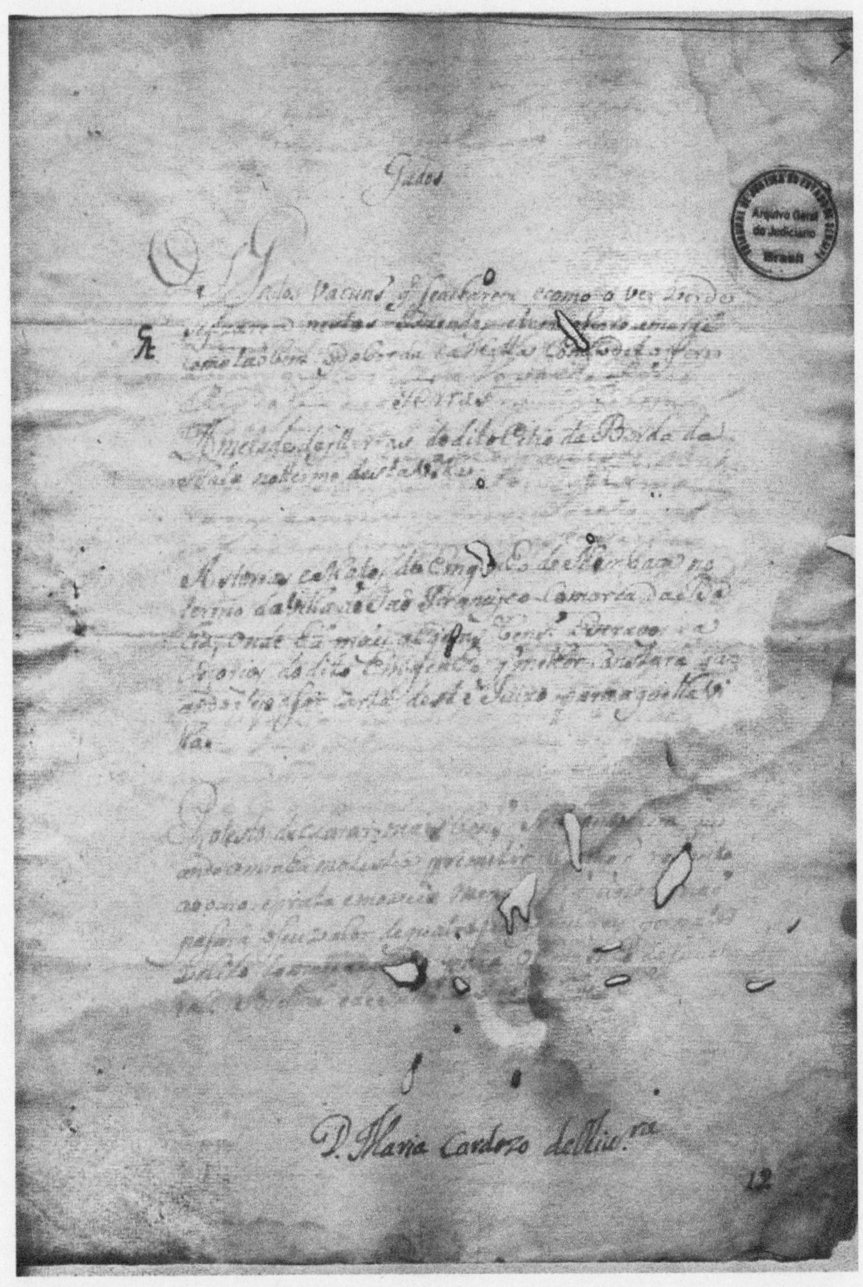

D. Maria Cardozo de Oliv.ra

12

(Fl. 12)

Gados

Os Gados vacuns que se acharem, e como o ver verde / se gozarem nestas Fazendas, e terá [ferro] e margem / como tãobem os da Borda da Matta com o dito ferro. /

Terras

A metade das terras do dito Citio da Borda da / Mata no termo desta Villa. /

As terras e matos do Engenho de Mombaça no / termo da Villa de São Francisco, Comarca da Ba/hya, onde há mais alguns bens Escravos e a/seçorios do dito Engenho, que melhor constará qu/ando se passar Carta deste Juizo para aquella Vil/la. /

Protesto declarar mais bens, se quantos tem, qu/ando a minha moléstia primitir. E tudo que respeita / ao Ouro, e prata, moveis e mais [trastes, que tudo não / passará o seu valor de quatrocentos mil reis por me ter / valido dos maes legados, para o Empenho do Funeral. [Jereticá?] e de Junho 30 de 1762. / D. Maria Cardozo de Oliveira //

Bibliografia

AMANTINO, Márcia. O sertão oeste em Minas Gerais: um espaço rebelde. *Varia Historia*, Belo Horizonte, n. 29, p. 79-97, jan. 2003.

ANASTASIA, Carla Maria Junho. *A sedição de 1736: estudo comparativo entre a zona dinâmica da mineração e a zona marginal agro-pastoril do São Francisco*. 1982. Dissertação (Mestrado) – Faculdade de Filosofia e Ciências Humanas, Universidade Federal de Minas Gerais, Belo Horizonte, 1982.

ANASTASIA, Carla Maria Junho. *Vassalos rebeldes: violência coletiva nas Minas na primeira metade do século XVIII*. 2. ed. Belo Horizonte: C/Arte, 1998.

ANASTASIA, Carla Maria Junho. *A geografia do crime: violência nas Minas setecentistas*. Belo Horizonte: Editora UFMG, 2005.

ANASTASIA, Carla Maria Junho. Um exercício de auto-subversão: rebeldes e facinorosos na sedição de 1736. In: RESENDE, Maria Efigênia Lage de; VILLALTA, Luiz Carlos. *As Minas setecentistas*. Belo Horizonte: Autêntica, 2010. v. 2.

BOTELHO, Angela Vianna; REIS, Liana Maria. *Dicionário Histórico Brasil: colônia e império*. 6. ed. Belo Horizonte: Autêntica, 2008.

BOXER, Charles R. *The Golden Age of Brazil: 1695-1750*. Berkeley: University of California Press, 1962.

BOXER, Charles R. *A mulher na expansão ultramarina ibérica*. Lisboa: Livros Horizonte, 1977.

CALMON, Pedro. *Introdução e notas ao catálogo genealógico das principais famílias de Frei Jaboatão*. Salvador: Empresa Gráfica da Bahia, 1985. v. 2.

CAMPOS, Maria Veronica. *Governo de mineiros: "de como meter as Minas numa moenda e beber-lhe o caldo dourado", 1693 a 1737*. 2002. Tese (Doutorado em História) – Faculdade de Filosofia, Letras e Ciências Humanas, Universidade de São Paulo, São Paulo, 2002.

CARDOSO, Aparecido Pereira; SOARES, Naasson Ribeiro. *Descaminhos e fronteiras: rotas, roteiros e elites no sertão das Minas Gerais*. Pará de Minas: VirtualBooks,2011.

CARRARA, Angelo Alves. *Contribuição para a história agrária de Minas Gerais: séculos XVIII e XIX*. Mariana: Universidade Federal de Ouro Preto, 1999. (Série Estudos).

CAVALCANTI, Irenilda Moreira. *O comissário real Martinho de Mendonça: práticas administrativas na primeira metade do século XVIII*. 2010. Tese (Doutorado em História) – Instituto de Ciências Humanas e Filosofia, Universidade Federal Fluminense, Niterói, 2010.

COATSWORTH, John. Patterns of Rural Rebellion in Latin America: Mexico in Comparative Perspective. In: KATZ, Friedrich (Ed.). *Riot: Rebellion and Revolution*. Princeton: Princeton University Press, 1988. p. 21-62.

COSTA, Joaquim Ribeiro. *Toponímia de Minas Gerais*. Belo Horizonte: Imprensa Oficial, 1970.

DOCUMENTOS Interessantes. *Apud* PINTO, Virgílio Noya. *O ouro brasileiro e o comércio anglo-português*. São Paulo: Nacional, 1979.

ESTEVES, Neusa Rodrigues (Org.). *Catálogo dos Irmãos da Santa Casa de Misericórdia da Bahia, século XVII*. Salvador: Bureal, 1977.

FAGUNDES, Giselle; MARTINS, Nahílson. *Alvará de perdão concedido a dona Maria da Cruz, viúva*. Montes Claros: Vereda, 2006.

FERREIRA, Luis Gomes. *Erário mineral*. Organização de Júnia Ferreira Furtado. Belo Horizonte: Fundação João Pinheiro; Rio de Janeiro: Fundação Oswaldo Cruz, 2002. 2 v.

FIGUEIREDO, Luciano. Furores sertanejos na América Portuguesa: rebelião e cultura política no sertão do São Francisco, Minas Gerais, 1736. *Revista Oceanos*, Lisboa, n. 40, p. 128-144, out.-dez. 1999.

FIGUEIREDO, Luciano. Narrativas das rebeliões: linguagem política e idéias radicais na América Portuguesa moderna. *Revista da USP*, n. 57, p. 6-27, mar.-maio 2003.

FREIRE, Felisbelo. *História de Sergipe*. 2. ed. Petrópolis: Vozes; Aracajú: Governo do Estado de Sergipe, 1977.

FREIRE, Felisbelo. *História territorial do Brasil: Bahia, Sergipe, Espírito Santo*. Salvador: Secretaria da Cultura e Turismo; Instituto Geográfico e Histórico da Bahia, 1998. Edição fac-símile.

GASPAR, Tarcísio de Souza. *Palavras no chão: murmurações e vozes em Minas Gerais no século XVIII*. 2008. Dissertação (Mestrado em História) – Instituto de Ciências Humanas e Filosofia, Universidade Federal Fluminense, Niterói, 2008.

KRAUSE, Tiago Nascimento. *Em busca da honra: a remuneração dos serviços da guerra holandesa e os hábitos das ordens militares – Bahia e Pernambuco, 1641-1683*. 2010. Dissertação (Mestrado em História) – Instituto de Ciências Humanas e Filosofia, Universidade Federal Fluminense, Niterói, 2010.

LEME, Pedro Taques de Almeida Paes. *Nobiliarquia paulistana histórica e genealógica*. Belo Horizonte: Itatiaia; São Paulo: EDUSP, 1980. t. II.

MATA-MACHADO, Bernardo. *História do sertão noroeste de Minas Gerais: 1690-1930*. Belo Horizonte: Imprensa Oficial, 1991.

MAGALHÃES, Luiz Eduardo. A participação sergipana na colonização cearense. *Revista do Instituto Histórico e Geográfico de Sergipe*, Aracaju, n. 36. 2007.

MOTINS do sertão e outras ocorrências em Minas Gerais durante o governo interino de Martinho de Mendonca de Pina e de Proença, conforme correspondência deste com o governo da Metrópole. *Revista do Arquivo Público Mineiro*, Ouro Preto: Imprensa Oficial de Minas Gerais, ano I, n. 4, p. 649-672, out.-dez. 1896.

OFFE, Claus; WIESENTHAl, Helmut. Duas lógicas da ação coletiva: anotações teóricas sobre classe social e forma organizacional. In: OFFE, Claus. *Problemas estruturais do Estado capitalista*. Rio de Janeiro: Tempo Brasileiro, 1984.

PRIORE, Mary del. Ritos da vida privada. In: SOUZA, Laura de Mello e (Org.). *História da vida privada no Brasil: cotidiano e vida privada na América Portuguesa*. São Paulo: Companhia das Letras, 1997. v. 1. p. 276-330.

REVISTA DO ARQUIVO PUBLICO MINEIRO. Ouro Preto: Imprensa Oficial de Minas Gerais, n. III-IV, jul.-dez. 1898.

RODRIGUES, Alexandre de Souza. *"A dona" do sertão: mulher, rebelião e discurso político em Minas Gerais no século XVIII*. 2011. Dissertação (Mestrado em História) – Instituto de Ciências Humanas e Filosofia, Universidade Federal Fluminense, Niterói, 2011.

RODRIGUES, Gefferson Ramos. *No sertão, a revolta: grupos sociais e formas de contestação na América Portuguesa, As Minas Gerais – 1736*. 2009. Dissertação (Mestrado em História) – Instituto de Ciências Humanas e Filosofia, Universidade Federal Fluminense, Niterói, 2009.

ROMEIRO, Adriana. *Paulistas e emboabas no coração das Minas: idéias, práticas e imaginário político no século XVIII*. Belo Horizonte: Editora UFMG, 2008.

ROMEIRO, Adriana; BOTELHO, Angela Vianna. *Dicionário Histórico das Minas Gerais: período colonial*. 3. ed. Belo Horizonte: Autêntica, 2012.

RUSSELL-WOOD, A. J. R. *Fidalgos e filantropos: a Santa Casa de Misericórdia da Bahia (1550-1755)*. Brasília: Editora UNB, 1981.

RUSSELL-WOOD, A. J. R. Identidade, etnia e autoridade nas Minas Gerais do século XVII: leituras do Códice Costa Matoso. *Varia Historia*, Belo Horizonte, n. 21, 1999.

SANTOS, Márcio Roberto Alves dos. *Bandeirantes paulistas no sertão do São Francisco e do Verde Grande: 1688-1732*. 2004. Dissertação (Mestrado em História) – Faculdade de Filosofia e Ciências Humanas, Universidade Federal de Minas Gerais, Belo Horizonte, 2004.

SANTOS, Vera Lúcia dos. *A mulher de posses e a instrução elementar na Capitania de Sergipe Del Rey nos anos setecentos*. 2011. Tese (Doutorado em Educação) – Universidade Federal de Sergipe, São Cristóvão, 2011.

SILVA, Célia Nonata. Autoridade mestiça: territórios de mando no sertão do São Francisco. *Revista Brasileira de História e Ciências Sociais*, v. 1, n. 2. p. 1-16, dez. 2009.

SILVA, Wilson Dias. Maria da Cruz da perversidade. In: *O velho Chico: sua vida, suas lendas e sua história*. Brasília: Codevasf; Minter, 1985.

SOARES, Manoel Ribeiro ou ALMEIDA, Vicente Gonçalves George de. Descrição do bispado do Maranhão. *Apud* CÓDICE Costa Matoso. Coordenação de Luciano Raposo de Almeida Figueiredo e Maria Veronica Campos. Belo Horizonte: Fundação João Pinheiro, 1999. v. 1.

SOUZA, Laura de Mello E. Norma e conflito. *Aspectos da História de Minas no século XVIII*. Belo Horizonte. Ed. UFMG.

VASCONCELOS, Diogo. Minas e quintos do ouro. *Revista do Arquivo Público Mineiro*, n. 6, p. 855-896, 1901.

VASCONCELOS, Diogo. *História média de Minas Gerais*. Belo Horizonte: Itatiaia, 1974.

VIANNA, Urbino. *Bandeiras e sertanistas baianos*. São Paulo: Companhia Editora Nacional, 1935. (Brasiliana, 48).

Este livro foi composto com tipografia Electra e impresso
em papel Pólen Soft 80 g/m² na Gráfica TCS.